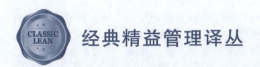

丰田套路实战指南

每天20分钟科学思维模式训练创造卓越绩效

THE TOYOTA KATA PRACTICE GUIDE:
PRACTICING SCIENTIFIC THINKING SKILLS FOR SUPERIOR RESULTS IN 20 MINUTES A DAY

［美］迈克·鲁斯（Mike Rother）著

余 锋 张 冬 费建红 译

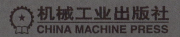

如果说丰田生产方式是"硬件",那么强调科学思维的丰田套路就是配套的"软件",只有二者的有机结合才能构建出完整的、不断进化的丰田管理系统。

　　本书是作者十几年研究与实战的总结与提炼,通过具体、生动和清晰的图表,结合科学思维与实践,图解了丰田内部每位基层员工和各级管理者所遵循的独特的改善套路和辅导套路,是丰田生产方式的实战指导。全书共分3个部分,强调了丰田套路并不是一种解决问题的工具,而是一种科学的、帮助解决问题且人人都需要具备的思维模式,介绍了改善套路中两个重要角色(教练和学员)的日常实践方法,详述了学员的改善套路4步法实践指南和教练的辅导套路5个问题的实践指南。

　　本书适合各企业、团队、不同层级的管理者以及各岗位员工学习和实践,通过每天20分钟的刻意练习,就可以掌握丰田套路,从而变得更富适应力,极具创造力,并最终走向成功。

译者序

最早与《丰田套路》结缘是在 2011 年，当时承蒙赵克强博士的安排，去美国密歇根大学参加了作者迈克·鲁斯先生的"丰田套路实践工作坊"。这是一门为期三天的课程，第一天作者分享了他通过几十年的研究和试验破解出的丰田员工解决问题的系统和程序，以及如何在我们的组织中学习和实践这些系统和程序，让它们成为卓越组织的 DNA。接下来的两天我们在一家制作门窗的工厂现场实践这些系统方法，以工厂现场的一个实际问题体验丰田套路结构化解决问题的过程，并模拟管理者如何辅导员工的整个具体而生动的过程。期间我们还和作者就精益在企业中的应用实践、丰田套路和 A3 的关系

等课题进行了深入的探讨。

学完这个课程，我就迫不及待地想把这些极好的方法和理念带到中国，让更多的中国企业受益。回来以后在赵博士的带领下，我们陆续开了一些企业的内训和公开课，收到了很好的反馈。2017 年，好友刘健和我翻译了《丰田套路》一书。为了让这一方法更加落地易用，现在，在余锋老师的带领下，费建红和我一起把这本姐妹篇《丰田套路实战指南》又呈现给广大的企业领导者和精益实践者。

《丰田套路实战指南》这本书详细讲述了科学地解决问题的结构化的方法，而且特别强调了在工作中如何反复练习，逐步养成科学的思维模式。同时，它还告诉我们如何在企业中从点到线、从线到面、从面到体地推广扩大，最终构建出强大的学习型组织文化。

作者把无论你参观多少次丰田都看不见摸不着的丰田人的思维模式、丰田人身体中流淌的血液、丰田生产方式的灵魂都出神入化地描绘出来，并且指出了一条可以每天实践、教授他人的明路。这个是非常重要的。这也是为什么我一直专注于研究丰田套路，并且提供相应的培训课程的原因，它确实帮助我们管理者在组织里建立了一套培养下属、辅导下属、改善流程的思路和方法。正像书中讲的，在一个复杂多变的世界里，你每天碰到很多不确定性的问题，你

怎样去应对它？有了这个套路，有了这一系列探知未来的方法，就让我们有了一个依靠，让我们能够以不变应万变，以结构化的方法来解决各种各样的复杂问题。这是我们每一个管理者和每个员工都值得学习并内化为第二天性的东西。

这些年来，无论是在我自己领导的企业里，还是在我辅导的企业里，我经常会听到一些管理者的抱怨。他们认为精益会给自己带来更多的额外工作，导致他们没有足够的资源去解决团队成员提出的各种问题。然而，这些管理者没有认识到最关键的问题在于精益并不是脱离于实际工作之外的事情，其实改善就是工作的一部分。我们没有时间面对的问题迟早都要面对，与其让它反复出现，不如给团队成员赋能，教给员工正确解决问题的方法，让他们成为解决问题的资源，彻底地消灭这些问题。

丰田文化中有一个非常强大的假设，即管理者就是领导者，领导者就是教练。教练最重要的工作就是将丰田独特的解决问题的模式传授给下属。丰田各层级的管理者都是全职教练，手把手、日复一日、年复一年地传授给下级如何思考和行动。他们的目标是让下级学会像自己那样看待浪费，学会使用清晰而又严格的思维方式，学会团队合作，以解决问题。他们意识到绝大多数的改进想法都是猜想，需要通过试验进行检验，因此希望由现实过程中的员工来完成这些试验，并在持续监控试验结果的过程中进行学习。教练的工作就是培养能够足以运转该程序的员工，并定期用更深入的问题挑战他们，锤炼出真正具有自我调适能力的学习型组织。

试想一下，如果您的企业也像丰田一样，将丰田套路的科学思维模式严谨不懈、持之以恒地传授给自己的员工，一代一代地内化传承，让每一位员工都怀有持续改善之心，拥有持续改善之法，日积月累，还有什么问题解决不了，还有什么挑战不能战胜呢？

为了更好地诠释作者的研究，我们译者团队力争精益求精，将每一句话以信、达、雅的要求表达出来，希望能够既忠于原文，又易于我们精益实践者理解。当然，凡事没有最好，只有更好。欢迎读者给我们来信，对书中的内容和文字进行深入探讨。我的邮箱是 zhangdong@lssclub.com。

在此，我非常感谢陈侃和施李佩在本书初稿翻译中的努力付出，感谢刘健对很多关键字句的翻译指导。同时，也非常感谢机械工业出版社孔劲老师等几位编辑的辛勤工作。

最后补充一句，无论您是掌管一家企业，还是负责一个部门，如果您真想好好培养员工解决问题的能力，打造组织持续改善的文化，那么我强烈建议您踏踏实实地每天花20分钟认真按照这本指南进行实践，一定要有充足的耐心和持之以恒的毅力。

张冬
于上海

致 谢

自2009年《丰田套路》○一书面世以来，我了解到成千上万位读者在世界各地的组织内试验和应用书中所描写的各种新方法，在此我表示感谢。

我也特别感谢下面列出的我的优秀的同事和朋友。我与他们并肩工作，获益良多。我通过演讲、展示文稿、分享视频、发表文章、举办工作坊、网上公布等形式，与大家分享不断演变和扩展的材料，并写就本书，这是我的极大荣幸。感谢你们在过去十年的时间里与我一起开展卓有成效的试验、对话和互相挑战。这本书是站在许多人的肩上（如果无意间遗漏了任何人，请接受我的歉意）写成的。绝大部分作者都有一位编辑，而在麦格劳-希尔出版公司我却幸运地与四位才华出众的编辑合作丰田套路系列图书及其衍生产品。感谢玛丽·葛兰（Mary Glenn）和诺亚·施瓦茨伯格（Noah Schwartzberg），也感谢毛纳·艾希纳（Mauna Eichner）和李·福井（Lee Fukui）。

特别感谢我的朋友和同行马克·罗森塔尔（Mark Rosenthal）。马克无私地卷起袖子，与我分享大量整理编辑过的反馈和支持。

感谢我的妻子莉兹（Liz）、女儿格雷斯（Grace）和奥利维亚（Olivia）。多年来他们全程无休地生活在我脑海中的"套路"轨道里。针对无穷无尽的文本和插图，他们给予我弥足珍贵的建议，同时把更多的科学思维融入自己的生活——这正是实践改善套路和辅导套路的要点。

本书献给年轻人，他们是未来。

○ 《丰田套路》中文版已由机械工业出版社出版发行。——译者注

感谢丰田套路的同行们：

延斯·阿尔巴特（Jens Albat）
卡蒂·安德森（Katie Anderson）
皮亚·安西得（Pia Anhede）
格尔得·奥林格（Gerd Aulinger）
珍妮弗·艾尔斯（Jennifer Ayers）
托尼·本尼尔（Toni Benner）
丹·伯杰伦（Dan Bergeron）
约阿基姆·布尤斯特罗姆（Joakim Bjurström）
巴尔布·布什（Barb Bouché）
巴·波蒂尔（Pat Boutier）
比尔·博伊德（Bill Boyd）
布兰顿·布朗（Brandon Brown）
汤姆·布尔克（Tom Burke）
山姆·卡尔森（Sam Carlson）
朗达·卡彭特（Rhonda Carpenter）
贝丝·卡林顿（Beth Carrington）
迈克尔·卡斯顿（Michael Casten）
比尔·科斯坦蒂诺（Bill Costantino）
汉克·恰尔内茨基（Hank Czarnecki）
杰克·戴格（Joc Dager）
安德里亚·特达拉博什（Andrea Darabos）
耶利米·戴维斯（Jeremiah Davis）
崔西·迪夫（Tracy Defoe）
约亨·多伊泽（Jochen Deuse）
史蒂芬·迪布勒伊（Stéphane Dubreuil）
鲍勃·埃利奥特（Bob Elliot）
鲁茨·恩格尔（Lutz Engel）
丹·伊齐基尔（Dan Ezekiel）
诺曼·福尔（Norman Faull）
泰勒·法夫（Tyler Fife）
埃蒙·费茨莫里斯（Eamon Fitzmaurice）
里克·佛莱明（Rick Fleming）
哈肯·福什（Håkan Forss）
布拉德·弗兰克（Brad Frank）
杰姆·弗兰克（Jim Franz）
精益新领域旗下的
　　杰姆·亨辛格（Jim Huntzinger）
德韦恩·布彻（Dwayne Butcher）
阿曼达·戴·奥特（Amanda Day-Ott）
杰克琳·莫莱维克（Jaclyn Molewyk）
杰夫·福克斯（Jeff Fuchs）
卡伊·富尔曼斯（Kai Furmans）
丹尼斯·加维克（Dennis Gawiik）
戴尔·格林（Dale Gehring）
贝蒂·格洛普（Betty Gratopp）
布鲁斯·汉密尔顿（Bruce Hamilton）
戴维·哈利（David Harry）
克里斯·海耶斯（Chris Hayes）
萨宾·汉姆彭（Sabine Hempen）
道格·亨德尔（Doug Hendren）
约阿基姆·希尔伯格（Joakim Hillberg）
藤原浩·广本（Hiroshi Hiromoto）
戴夫·霍格（Dave Hogg）
耶斯·亨布尔（Jez Humble）
凯西·伊贝尔（Kathy Iberle）
稻恒公夫（Kimio Inagaki）
汤姆·英格拉姆（Tom Ingram）
托德·雅可比（Todd Jacobi）
苏珊·杰娜斯（Susan Janus）
马尔科·金宝（Marco Kamberg）
布里塔·卡摩尔（Britta Kammel）
克雷格·肯尼迪（Craig Kennedy）
杰恩·金（Gene Kim）
卡斯滕·克拉格斯（Carsten Klages）
奈特·金（Jim Knight）
杰夫·考培尼兹（Jeff Kopenitz）
比尔·克劳斯（Bill Kraus）
布莱恩·拉格斯（Brian Lagas）
厄克鲁尔多·兰德（Ecluardo Lander）
席尔万·兰德瑞（Sylvain Landry）
戴安娜·兰西德尔（Diane Landsiedel）
让马克·家李根提（Jean-Marc Legentil）
亚当·莱特（Adam Light）
杰弗瑞·莱克（Jeffrey Liker）

致 谢

德鲁·洛克（Drew Locher）
迈克尔·伦巴迪（Michael Lombard）
杰姆·曼丽（Jim Manley）
丹·马克维兹（Dan Markovitz）
丹娜·玛库娜斯（Dana Markunas）
康斯坦丁·梅（Constantin May）
米歇尔·麦克劳克林（Michele McLaughlin）
斯蒂夫·美迪兰（Steve Medland）
雅尼娜·迈耶（Janina Meier）
艾米·迈尔瓦克（Amy Mervak）
维恩·迈耶（Wayne Meyer）
贝恩德·米特尔胡贝尔（Bernd Mittelhuber）
伊冯·莫尔（Yvonne Muir）
皮埃尔·纳多（Pierre Nadeau）
巴里·奥莱利（Barry O'Reilly）
弗朗西斯科·奥塞霍（Francisco Ocejo）
泰森·奥迪兹（Tyson Ortiz）
盖瑞·帕科维斯齐（Gary Perkerwicz）
梅丽莎·佩里（Melissa Perri）
马雷克·皮亚特科斯基（Marek Piatkowski）
安娜·波西奥（Anna Possio）
乔杰奥·波西奥（Giorgio Possio）
塔达斯·普卡斯塔（Tadas Puksta）
迈克·拉特克（Mike Radtke）
拉姆·拉马莫尔迪（Ram Ramamurthy）
大卫·劳（David Rau）

拉尔夫·里克特（Ralph Richter）
安德里亚斯·瑞森霍夫（Andreas Ritzenhoff）
奥斯卡·罗氏（Oscar Roche）
马克·罗森塔尔（Mark Rosenthal）
嘉琳·罗斯（Karyn Ross）
梅丽尔·卢尼昂（Meryl Runion）
杰森·舒李斯特（Jason Schulist）
帝洛·斯瓦茨（Tilo Schwarz）
朱莉·西蒙斯（Julie Simmons）
斯科特·西蒙斯（Scott Simmons）
詹妮·斯诺·博斯可伊（Jenny Snow-Boscoio）
德维恩·苏瓦松（Dwayne Soisson）
康拉德·索尔特罗（Conrad Soltero）
达里奥·斯皮诺拉（Dario Spinola）
斯基普·斯图尔德（Skip Steward）
克雷格·施特拉特尔（Craig Stritar）
泰姆·托伊沃宁（Teemu Toivonen）
康妮·托尔曼（Connie Tolman）
杰夫·尤伊腾布洛克（Jeff Uitenbroek）
埃米尔·冯·伊斯特（Emiel Van Est）
詹妮弗·冯·霍尔森（Jennifer Van Horssen）
丹·佛弥西（Dan Vermeesch）
卡尔·瓦登斯腾（Karl Wadensten）
惠特尼·瓦勒斯（Whitney Wallers）
约翰·威里士（John Willis）
拉尔夫·温克勒（Ralph Winkler）

摘自《丰田套路》

  可能只有三件事情是我们可以且也需要确定的：我们在哪里，我们想到哪里去，我们要采用什么方法通过中间的不确定区域。其他的事情则是某种程度的不确定，因为我们无法看到未来。现状和目标之间的灰色区域布满了不可预见的障碍、问题和困难，也只有下了河才能摸到那些"石头"。我们需要做的是掌握通过这个灰色区域的方法，而不是解决方案——详细的行动步骤。

——《丰田套路》（2009）第 8 页

目　录

译者序
致谢
摘自《丰田套路》
引言——学习和传授科学思维模式

第1部分　科学思维与实践的结合

第1章　适合每个人的科学思维 ··· 9
第2章　有效实践的要点 ··· 25
第3章　日常实践的角色和结构 ·· 39
第4章　准备好实践 ·· 53

第2部分　学员的实践指南（改善套路）

第5章　了解方向或挑战（第1步）·································· 67
第6章　掌握现状（第2步）··· 79
第7章　建立下一个目标状态（第3步）···························· 107
第8章　朝着目标状态开展试验（第4步）······················· 129
第9章　总结和反思 ··· 155

第3部分　教练的实践指南（辅导套路）

第10章　辅导套路简介 ··· 163
第11章　辅导循环概述 ··· 171
第12章　如何完成一个辅导循环——实战演示 ··············· 195
结论 ··· 229
附录　表格和模板 ··· 235

引　言

——学习和传授科学思维模式

套路是简单的、结构化的、刻意练习的常规程序，尤其是在一开始的时候。渐渐地，套路会成为你的一种习惯，赋予你新的能力。套路这个词来源于武术，原本是指用来训练武者的基本组合移动步法。但实践套路这个想法可以被运用得更广。这本《丰田套路实战指南》就是关于如何实践一种科学的工作方式，并思考如何取得卓越成果的。

没人知道世界的未来会变成什么样子。所以你能掌握的最有价值的技能之一就是适应力。科学思维正是如此，它包括一种持续性的对比，对你预测下一步将会发生什么和真实发生了什么进行对比，并根据你从差异中学到的知识而做出调整。科学思维可能是让我们通过未知领域通向挑战目标的最好的导航方式。即使每天20分钟的刻意练习，科学思维都可以让每个人在面对不确定性时，变得更富适应力，极具创造力，更为成功。

科学思维的最伟大之处可能就在于它是一种能运用于所有领域寻找解决方案的生活技能。我们倾向于将创造力与艺术等同，而科学思维就是创造性的思维。实践它就是打造创造能力和创造性思维的基石。本书旨在分享我们在使用改善套路和辅导套路进行科学思维教学和学习的心得体会。

你会发现科学思维并非高深莫测，它只不过不是我们的默认模式而已。实践改善套路和辅导套路会让你养成习惯，帮助你解决问题，实现目标，重塑你观察世界的方式。它并不是关于如何具体解决问题的，而是学习一种帮助你更好解决问题的思维模式。

如何调整我们的思维模式，如何提升整个团队或整个公司的思维模式？

我们的很多思维模式都处于一种自我永动的循环中。简而言之，每一次我们思考或者做某事时，我们都很可能会重复它（见图0.1），每一次我们思考或者做某事时，我们都会在自己的大脑里铺设道路，把它们变成高速公路，并增加我们再次使用这些相同道路的可能性。它们是我们的习惯。

好消息是这些习惯对我们的生存而言不可或缺；更好的消息是我们的许多思维模式可以通过类似于体育和音乐上的技巧实践而得到改变。你有意识地带着一种正面的情绪，在一段时期内坚持不懈地每天练习某个新的行为模式，它就会开拓一条新的神经元道路，重塑你的思维。

然而，养成新的、改变生活方式的习惯不可能是一蹴而就的。因为我们现存的神经元道路，或者说我们现有的习惯很强大，倾向于把我们拉回老路。通常，更为有效的方法是从细微处着手，将一部分新的习惯融入你的日常活动中，随着你的能力和自信心的增长，不断地建设它们。

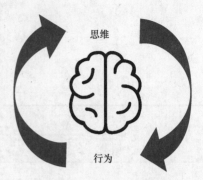

图0.1 每次你思考和做的事情，你都很可能再次重复

这就是套路的切入点。或者，我更愿意称呼它们为"初学者套路"。这些结构化的日常实践将把你带到通往成功开发思维模式的道路上（见图0.2）。通过练习初学者套路可以调整我们的思维模式，改变我们的行为模式，提升学习速度，并且帮助团队创造一种分享的思维和行动模式，因为每个人都是从同一个基础开始的。

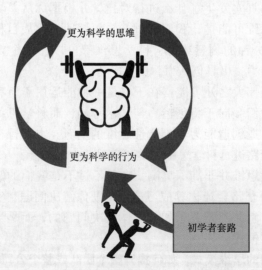

图0.2 通过练习初学者套路引入新的行为，帮助你培养新的思维模式

《丰田套路实战指南》是一本指导性指南和参考书，涉及一系列能够被运用于发展科学思维的初学者套路。它是为两类需要协同合作的使用者而量身定

做的：

- 学员：任何想要通过实践，使自己更加精通于改善套路中所描绘的实用性科学工作和思维模式的人。
- 教练：任何想要通过实践辅导套路，能更善于为改善套路中的学员们提供辅导支持的人。

《丰田套路实战指南》给你提供了一种方法去激发组织中的任何人和团队的创造力。由书中所描述的从练习初学者套路开始，随着你掌握更多的科学思维技能并加深对它们的理解，你可以在此基础上发展适合自己的思维模式。初学者套路不是游戏的结束，而是把你引领到通往新技能的道路上。

顺应时代的管理方法

我们很可能正在退出一个时代，在这个时代里最主要的挑战是实现效率最大化和成本最小化，从而进入一个挑战更多样化、前途更不可测的时代。昨日的解决方案在明天可能就行不通了，但没必要担心，只要我们学会用有效的方式去做，我们就能有条不紊地面对所有的挑战。管理者们最应该关心的事情可能不是员工正在从事的工作内容，而是我们用来实现目标的思维模式和行为模式。我们现在所说的，是让管理者们将培养员工的能力和自信心作为工作的一个重点，或者也可以说是重中之重。

我们在过去几十年中所践行的管理方法大概就是致力于减少不确定性。但是，未来的管理方法更多的是关于如何同不可避免的不确定性"有效舒适"地相处。实践改善套路和辅导套路的目的不是让你和你的团队更加明晰如何达成某个特定目标，而是让你们更加确定如何去实现任何目标。

尽管学习新技能会伴随一定的不舒适感，但当你通过科学思维模式的实践达成你的目标时，你会感到非常美妙。你在团队中培养出越强大的科学思维能力，你就能让团队成员越从容地面对更多以前可能觉得无法实现的挑战。管理者们在其中扮演举足轻重的角色，因为他们的工作就是培养创造者。《丰田套路实战指南》是一本关于如何实现这一目标的指南。环顾你的四周，工作区域可能就是一个容纳所有人的最大的教室，身在其中的管理者们就是教练。

迈克·鲁斯
2017 年 3 月
美国安娜堡

丰田套路背后的故事

最初关于丰田套路的研究是我和同事们从 2004 年到 2009 年开展的，并被整理到 *Toyota Kata*㊀ 一书中。它由两个问题所驱动：

1. 丰田持续改善和调整的成功背后有什么看不见的管理模式和思想？
2. 其他组织如何培养类似的模式和思想？

我们知道丰田有些与众不同的魔力。我们相信它藏匿于丰田的管理方法中。但是这个系统对于参观者来讲是不可见的。我的同事，杰弗里·莱克（Jeffrey Liker）教授，在 2010 年国家公共电台节目"美式生活"的一场关于丰田主导的丰田-通用合资公司"新联合汽车制造公司（NUMMI）"的访谈中很好地诠释了这种魔力：

甚至没有词汇能解释它。我还记得，曾有一位通用汽车公司的经理得到公司副总裁级别的高层指令，把通用汽车公司的工厂打造成像 NUMMI 一样。他说，"我希望你能带只相机去那里，每一平方英尺都要拍到。不管你拍到了什么，我都要让它重现在我们的工厂里。这样就没借口说我们和 NUMMI 是不一样的，说我们的质量更差，说我们的生产效率不够高，因为你要把你看到的一切都复制过来。"

瞬间，那个老兄就知道这有多疯狂了。我们不可能复制员工的积极性，我们不可能复制工会和管理层之间的良好关系。这不是你能复制的东西，你甚至连照片都拍不出来。㊁

我们从精益圈长期积累的经验中得知，"复制硬件"这种方法并不会产生我们在丰田所看到的持续改善。因此，丰田套路的研究是为了更好地了解隐藏于表层之下的改善文化。

我和同事们开始采访丰田的员工。采访不久就出现了一个明显的问题：他们很难表述出或者解释清楚他们的思维模式。我觉得这是因为这种模式所展现的是组织里习惯性的做事方法，因此对于具体做事的人而言，它很可能是无形的习惯。对身处管理系统中的经理人而言可能确实如此。

我们必须要通过在工厂里做试验，对管理系统的设置进行试验，才能自己去找出其中的奥秘。五家公司愿意提供长期的试验基地，另外还有几家公

㊀ *Toyota Kata*，迈克·鲁斯（Mike Rother）；《丰田套路：转变我们对领导力管理的认知》，麦格劳希尔集团，2009（机械工业出版社翻译出版）。

㊁ 摘自 2010 年 3 月 26 日播出的《美国生活》第 403 集，新联合汽车制造公司（NUMMI）。

司成为短期的、特定项目的试验基地。试验涉及丰田技术上和管理上的实践，并对未达到预期效果的工作付诸更多的关注，要调查其原因，进行调整，并再次尝试。在长达六年的调查中，我定期前往丰田的基地，采访丰田的供货商、丰田的员工，观察他们的工作，并讨论我们阶段性的发现。这些讨论常会影响我们下一次试验的方向。

本研究的一部分挑战来自于每位丰田经理人都有各自不同的风格。辅导训练在丰田并不是提前规划好的、必需的每日工作。尽管没有正式的辅导协议和日常训练协议，但这种训练仍保持一定的频率。然而，当你花足够长的时间研究不同的丰田经理人的做事方式时，一种共性的思维模式和行为模式就会浮出水面，它在丰田内部被传授于各个层级。从一个领域到另一个领域，从一个层面到另一个层面，人们的工作内容自然是不同的，就像每位管理者的工作方式一样。但是，管理者们传授的基本思维模式是一样的。通过无数次的试验和观察，我们开始了解丰田管理者们同他们的员工一起工作的思维和行为模式——它和西方传统的命令/控制管理模式是不同的。

我们看到了丰田的管理系统，包括传授所有组织成员应对无限的挑战和目标的科学方法和理念。丰田希望员工能科学地工作，而非直接跳到结论。这种传授是将指导训练（现在丰田称之为"在职发展"）放到日常工作中去进行的——它在整个组织中形成了一种刻意的、分享式的工作方式。

明白了丰田管理方式的深层内涵，就好解释为何把丰田看得见的精益技术简单地"反向工程"（复制）是行不通的。这些技术仅仅刚好是丰田当前的解决方案，更重要的是丰田不断培养其员工实现今天的目标，并为明天做好准备。丰田看不见的科学思维和工作模式才是丰田那些看得见的解决方案被开发、运用、演进的前提。我们应该尽量采用类似的工作方式，而非单纯地复制丰田的工具和解决方案。

研究者们常常试着用模型来阐述他们研究的现象。我将丰田的思维和行为模式用四步曲行为模式来表述，并称之为"改善套路"。我赋予它这个名字是因为在日本的文化中，丰田的管理方式与套路（一种做事的方式和训练模式）这个概念关系密切。

我们现在有了丰田的行事模型，但这只是针对研究的第一个问题：丰田持续改善和调整的成功背后有什么看不见的管理模式和思想？它并不能回答第二个问题：其他组织如何培养类似的模式和思想？不久我们就发现，只是分享使用四步曲改善套路，即使极为细致的分享，都无法产生新的思维和行为模式。因此，自2009《丰田套路：转变我们对领导力管理的认知》出版后，我们就更加专注于第二个问题。

我们发现在丰田内部，万众期待的科学思维模式的精髓藏匿于丰田老道的教练——丰田的管理者们的大脑里。这是其他大部分公司所缺乏的。丰田正致力于保持它的文化，在其管理者中保留许多经验丰富的教练。其他组织想要调整他们的文化，但是缺少在辅导科学思维模式方面具有丰富经验的管理者们。这也是另一个你没法简单粗暴地复制丰田的原因。团队、组织，甚至在丰田内部，都要求通过辅导实践去培养这些技巧。而且，有效的实践常开始于一些简单的常规训练。

基于我们对于丰田管理者们日常工作的仔细观察，我们开发出一系列训练模式——初学者套路——来系统化这些内化在丰田文化中的实践。这些初学者套路使过程变得明晰、可传授、可转化，也能以此来帮助许多目前还不具备很强的科学思维模式的企业。

本书中阐述的一系列训练模式通过在数百家公司中的试验和日常使用而不断演化，形成一种普及的、去丰田化的方法论。它不再是复制丰田，而是通过刻意效仿，走我们自己的路。

第 1 部分

科学思维与实践的结合

第 1 章

适合每个人的科学思维

这件事发生在你身上多少次了？你注意到了眼角掠过的一些东西，但是当你转过头来看时其实它不是你所想的。那只猫实际上只是椅子上的一件皱巴巴的夹克。你左边的那辆车只是从旁而过，实际上没有进入你的车道。

有趣的是，我们的大脑并没有做出反应，"不知道那是什么……需要更多信息……请等一下"。相反，它不告诉我们就迅速地越过了我所说的"知识门槛"。这些知识门槛在我们没有事实和数据并开始进行推测的过程中起着支撑作用。我们大脑中的无意识部分利用一些表面的信息，向外演绎填充空白，并给我们一个知道发生了什么的感觉（见图1.1）。但实际上我们知道的比自己认为的要少得多。

上面可能听起来像我在批评大脑跨越知识门槛并跳到结论的倾向。但是这个故事并不那么简单。这种认知机制或认知偏见，对我们度过每一天至关重要。这是一种节能的、更为安全且不会有遗憾的方法。当快速反应比深入理解更有价值时，这种方法非常有用。想象一下，当你的大脑说"请等待，直到我得到更多的信息"时，试着去应付这种情况。我们今天可能就不会在这里了。从理论上讲，我们继承了我们的一些遗传程序。这些程序来自祖先，他们很快就从

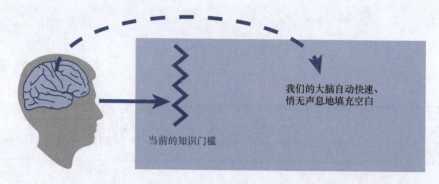

图 1.1 我们倾向于跨越知识门槛，大脑能够使用它接收到的输入信息做出即时判断

灌木丛中的沙沙声中逃离，而不是转过头来说，"嘿，我想知道那是什么"。

然而，虽然这是种有用的认知机制，但我们的直觉或"奇闻轶事"也会造成很多问题。这意味着我们没有注意到我们的知识门槛，因而会造成我们经常陷入误区。这是一种日常的平衡行为，在这种行为中，我们往往会不可避免地犯错误，过早地下结论，并生活在我们告诉自己的故事情境之中[⊖]。这种行为对在高峰时段处理交通状况很有用，但会对我们的工作、社会和个人生活造成危害。停下来进行思考的能力（例如，"嘿，我想知道这是什么？"）对于我们人类的生存和进步来说也是必不可少的。因为这是一种学习方式。

科学思维

幸运的是，我们对直接跳入结论的本性已经有了一个准备好的对策，这就是所谓的科学思维。这可能听起来高深莫测，像是专业科学家们的独门秘笈。然而，任何人都可以成为日常生活中的科学家，包括你和我。科学思维并不困难，只不过它不是我们默认的模式。但是如果通过一些训练，任何人都可以做到。这就是本书要教大家的内容。

为了本书的目的，我们把科学思维定义为一种透过现实中的参与，进行有意识地学习的过程。科学思维的核心是对一个我们永远无法完全理解的世界的持续好奇心，让我们想要进一步更好地理解它。这是对我们预测接下来会发生什么和看到实际发生了什么的持续比较，并根据我们从差异中学到的东西调整我们的理解和行动（见图1.2）。

科学思维是我们避免被自己的直觉所愚弄的最好的方法。你可以运用自己、

⊖ 这句话引自密西根大学的拉尔夫·威廉教授。

图 1.2 科学思维的基本模式（你预测发生什么，实际发生了什么？如果现实与预测之间有差异，你就能从中学到一些不同之处。）

团队和整个组织的科学思维来帮助你实现目标，即使事先无法知道确切的路径。你不断迭代前进的道路——随着你每一步的行动，新知识在不断增加——而不是试图决定前进的方向。

我们身处的环境复杂多变。今天的最佳解决方案可能未必适用于明天的问题。基于这样的情况，对于你和你的团队而言，最好的选择就是开发一种适用于任何情况的通用的"元技能"来找到解决方案。这正是科学思维的魅力，它可能是目前已知的穿越不可预知的复杂领域迈向我们目标的最有效手段（见图 1.3）。

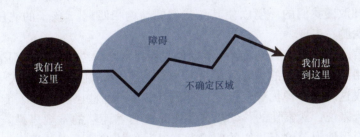

图 1.3 科学思维有助于我们驾驭复杂的、不可预知的领域

科学思维特别有用，因为它是一种元技能

技能通常是针对特定领域的，你不会通过练习踢足球来学习打棒球。但科学思维是一种朝着任何目标努力的方式。无论你的目标、业务部门或战略如何，基本模式都是一样的。这使它成为一种元技能。

为了理解这一点，请你将做什么与怎么做分开。

元技能定义了如何做，而不是做什么；元技能告诉我们如何进行，但它并不是解决方案的内容。因此，元技能可以应用于各种情况。科学家们不会针对每个新的研究课题改变他们的做事方式，其诀窍在于通过开发成熟的大脑回路，获得探寻解决方案的路径，而不是解决方案本身。这就像运动场上的训练，是为无法预测的比赛做准备。训练的重点是如何打好比赛。这就是元技能！

由于元技能可以在不同的情境下转换，包括以前从未经历过的情况，因此，掌握元技能比解决单一情境或问题的知识更有价值。没有人知道你的组织将来会面对什么样的目标和问题，因此，仅仅传授现在已知的解决方案是不够的。相反，科学思维可以给你赋能，助力你应对无法预见的各种问题，并终身受益。

天生的，还是习得的？

科学思维是一些人天生拥有的才能，还是通过学习得到的技能？你可能已经注意到，小孩子会以科学家的方式进行某种探索。在生命的早期，我们的大脑具有高度可塑性，并且通过与环境在实体上和社会方面的相遇而塑造自己。

然而，到了成年早期，我们的大脑已经建立了一个复杂的神经通路网络。现在它需要有意识的努力来抵消它们。作为小孩，我们使用从感官输入——从尝试中学到的东西——建立我们的内部结构。作为成年人，我们使用那些已建立的内部结构进行应对。而且，我们倾向于寻找与我们的内部结构相匹配的情境，或试图改变我们的环境以使其与我们的结构相匹配。[1]孩子的头脑是学习，而成人的头脑在表现。[2]

简而言之，一旦我们进入成年早期，我们在科学思维方面就会显著地变差，因为我们由经验而构建的神经库使我们能够以儿童不能做到的方式导航世界。对成人来说这既是一种优势，也是一种弱点。对于那些已经掌握了能够阅读这个句子的人来说，探索性的科学思维不再是你自然而然的常规思维。相反，这是我们有意识地为了检查我们的假设并弥补我们的偏见而做的事情。成人通过有意识的实践来学习科学思维。

改善套路——我们试图学习的四步科学模式

如果你要实践，那么你需要一些东西来开展实践。

模型是一种表示形式，可以帮助我们理解和传达事物在现实中的运作。改善套路模式是一种实用[3]的日常科学思维和工作方式的四步模型，它代表了人类的创造性流程，可能与人类存在的历史几乎相同。科学家和企业家每天都会遵

---

[1] 如需了解更多相关内容，请阅读布鲁斯·E·韦克斯勒（Bruce E Wexler）所著《大脑和文化》（*Brain and Culture*）一书的引言部分（该书在2006年由麻省理工学院出版社出版）。

[2] 这个观点来自我的同事耶利米·戴维斯（Jeremiah Davis）。

[3] 我使用"实用"一词是因为传统的科学家为了理解而开展试验，而改善套路的实践者为了接近目标而开展试验。

循类似的模式。改善套路的 4 个步骤包含在其规划阶段和执行阶段中，图 1.4 和图 1.5 说明了这 4 个步骤。

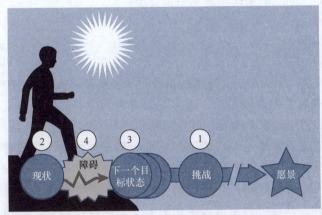

图 1.4 改善套路模型的 4 个步骤

图 1.5 改善套路模型的图形描述

计划阶段

传统上，我们希望直接跳到实施我们想法的阶段。因为我们的大脑已经填补了知识的空白，我们经常可以确定我们知道该怎么做。但是，这是一个重点，我们希望放慢速度并说:"不知道这里发生了什么……需要更多的信息。"花时间更全面地了解你现在所处的位置,并确定你想要去的地方,从长远来看将会取得更大的成果。在改善套路的前三个"计划"步骤中获得的见识和观点为执行阶段提供了有效迭代和解决问题的基础。这三个步骤是:

- 了解方向或挑战。
- 掌握现状。
- 建立下一个目标状态。

第1步:了解方向或挑战。第1步定义改善的目的。一般来说,这是一个较长远的目标,将使你从竞争对手中脱颖而出,通常是以客户为中心、目前尚未能实现的战略。你不知道如何应对这个挑战,并且起初它可能看起来遥不可及,甚至有点可怕。通常在组织或业务单元(价值流)层面设置总体挑战,并随着你进入组织内部,总体挑战会被逐渐分解为更小的挑战。

第2步:掌握现状。我们现在在哪?一旦了解了来自上一级的方向后,就可以进入你自己的关注流程,并以可衡量的细节研究其当前的操作模式。这种观察和分析的结果代表了你目前对该流程的掌握程度,并且是定义下一个目标条件的输入。

第3步:建立下一个目标状态。我们下一步要做什么?研究当前的情况可以为你提供所需的事实和数据,以便为你所研究的流程建立一个适当的、描述性的和可测量的目标状态,以应对更大的挑战。目标状态是你的下一个目标,并且与挑战相比,时间间隔要短得多,通常需要一周到三个月的时间来实现。你不知道你将如何到达那里,这可能很困难,但它并不是遥不可及。目标状态通常要遵循3个要素:

1. 一个可实现的日期。
2. 流程的预期结果表现,也就是结果指标。
3. 对产生期望结果的流程运行状态的确切描述(你希望所关注的流程如何在截止日期前进行操作),包括流程指标。

虽然应对长期挑战会让你感到"压力山大",但有了短期目标状态,就会让你将注意力集中在影响实现该状态的特定障碍上。这些障碍是你将在改善套路的第四步中要尝试消除的。

需要实现一系列的目标状态才能最终战胜挑战(见图1.4和图1.5)。但请注意,这些目标状态是一个接一个确定的,并非一次确定全部。它们不是预先列出的里程碑或行动项目列表。当你达到一个目标状态或其实现日期时,所关注的流程将有一个新的现状。你会知道更多信息,然后你将处于一个位置,建立下一个适当的目标状态,沿着挑战方向挺进。

由于知识的局限,你无法事先十拿九稳地知道必要的目标状态链是什么。

当然，制定最初的计划也是有价值的，希望随着你学习的深入而不断调整计划。

执行阶段

在计划阶段奠定基础之后，你现在就随时学习和调整，可以快速而专注地执行。

第4步：开展试验迈向目标状态。一旦你掌握了现状，并有了目标状态，它们之间就会有一个灰色区域或学习区域。如果你达到目标状态的预期时间超过一周或两周，那么你可能需要做一些规划。尽管如此，你仍然无法预见和计划到达目标状态的确切路径。[⊖]在通往目标状态的道路上你会遇到很多障碍，你需要通过每日或频繁的试验来找到你的路径。你无须扫除所有可能的障碍，只要消除那些阻止你所关注的流程达到下一个目标状态的障碍。不要试图解决所有问题是有益的，因为你最大限度地减少了你的时间、精力和资源的浪费。事实上，你会学到忽视一些问题的技巧。

通往目标状态的路径不会是一条直线。你正处于快速学习和发现的模式中，逐步学习如何达到目标状态。从每个试验中，你都可以获得新信息并相应地调整你的下一步行动。准备好接受这条道路可能与你所期望的不同，并且不要浪费时间争论哪个是最佳解决方案。相反，要争论什么可能是最好的下一个试验，以便更多地了解并尽可能快地看到。

当你如期达到目标状态时，你就处于一个新的位置。现在从新的现状开始，重复进行改善套路的四个步骤。

整体模式

我们也可以横向描绘改善套路模型，如图1.6所示。在横向描述中，计划阶段和执行阶段变得直观可见。

根据对前文三个计划步骤的描述，你应该注意到改善套路中的"计划"与直接制定行动计划的传统做法有所不同。一个常见的错误是试图过早地进入执行阶段——基于先入为主的想法仓促实施。相反，你需要一些时间来分析和了解更多的情况。与可能急于制定行动计划的传统商务人士相比，具有科学思维的人可能会说，明确问题的定义已经解决了问题的一半。

在使用本书时，请记住改善套路模式不是一个解决问题的方法，而是一种

⊖ 编制详尽的项目计划并不能消除不确定性。它只能提供一个确定性的假象。如果你在商学院学到一个分析和计划的流程，这只是硬币上的一面。你还应该掌握一个良好的迭代的流程。

图1.6 改善套路模型的横向描述

注：①CC：现状；②TC：目标状态。

思维模式，解决问题的思维方式。有很多好的解决问题的方法论，且改善套路支持所有这些方法。注意，无论你正在采用什么样的问题解决方法，你都会有下列条件：

- 尚未达到的目标。
- 达成目标所面临的障碍。
- 没有现成的解决方案（否则你已经实施它们）。
- 需要测试你的想法。

改善套路模式不会取代你的改进方法。其目的是建立基本的科学思维技能，使你在使用任何问题解决方案或改进方法时更出类拔萃。改善套路可以和现有的方式、方法有机地结合在一起，因为它是底层思维。

什么是套路？

日语中套路有两个略有不同的定义。这两个定义我们都会用。注意，没有定义2（实践方法），只有定义1（模式）不可能改变行为和思维模式：

1. 套路的一个定义是后缀，意思是"做事的方式"。例如，日语单词kakikata的意思是"写作方式"或"如何写"。这个定义属于四步改善套路模型或模式，这是一种改进的方式。把它看作是"宏观"的定义。

2. 套路的另一个定义是"结构化的实践方法或训练"。这是"微观"的定义。

套路的第二个定义指的是小的、预先定义好的训练程序或方法，可帮助我们开始使用新的行为模式和思维模式。为了清楚起见，让我们将其定义为"初学者套路"来加以区分，这意味着它们是你首先开始的基本实践路径。实践初学者套路（微观）是为了学习改善套路模型（宏观）所描述的科学思维方式。

初学者套路已被使用了几个世纪，它作为一种有效的技能训练方法，在人与人之间传授，并构建有效的团队合作。如果你想在一群人之间创造一种共同分享的思维和行为模式，一种有意识的文化，那么拥有一套初学者套路尤其有用，因为每个人都从相同的基础开始实践。

初学者套路是获得新的思维和行为习惯的铺路石，但实践它们并不意味着永久僵化。严格实践一些结构化的初学者套路的目的不是为了限制你，而是为了帮助你走上新的道路（见图1.7）。我们的目标是内化每个初学者套路的基本模式，这样你就可以在各种环境下，作为一种条件反射，在几乎不需要考虑或犹豫的情况下进行构建并适应这种模式。例如，作为一名音乐家，你不会永远练习演奏音阶，但你也不会忘记这些初学者套路。通过在实践中学到的东西，你可以超越它。后来的学员从相同的初学者套路开始。当然，随着时间的推移，每个组织都可以对其自己的初学者套路进行微调，让它更适合你特定的环境和文化。这本书为你提供了一个起点。

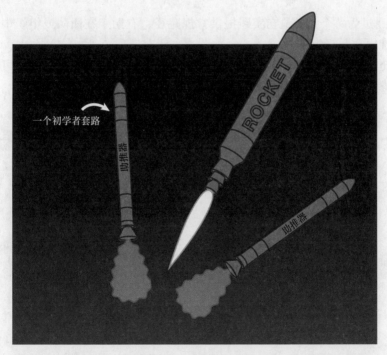

图1.7　初学者套路（微型定义）就像助推火箭，它们是帮助你开发新的思维和行为方式的实践套路

这个过程可能就像你学开车的过程，在经过一段时间的基础训练之后，也

许在停车时,你就不再需要特意思考如何驾驶。今天,你可以将有限的认知精力放在处理汽车以外的道路实况,因为你已经学会了下意识地习惯性地处理车辆的基本控制。掌握基本原理——使它们自动化——解放我们的大脑,将有限的资源集中在需要有意识地去关注重复性较低的情境上面。

我们中许多人不喜欢结构化的初学者惯例,而更喜欢即兴创作。但这是一个错误,这个错误可能让你永远是初学者。学员应该主动地限制即兴发挥,掌握套路的本质,然后在日益多样化的情况下应用。最终,初学者套路变得并不重要,重要的是通过实践初学者套路所获得的技能和思维模式。你可以在此基础上添砖加瓦。

小结:实践初学者套路的好处

- 它们通过提供简单的、预定义的分步实践路径来使基础知识内化,从而帮助初学者获得新技能。
- 它们给教练一个比较点,以衡量学员的表现,并提供纠正性的反馈和建议。
- 通过为每个人的最初实践提供常规路径,有助于在团队或组织中形成共同的思维模式和行为模式。
- 也许最重要的是,初学者套路在将理论原则和概念转化为真实可教的知识之间搭建了一座桥梁(见图1.8)。

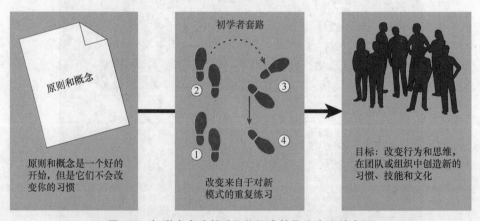

图1.8 初学者套路帮助你将概念转化为真实的东西

通过实践养成新习惯

试图通过解释、示范或者说服某人需要某种行为,而让某人改变行为,通常是行不通的。我们有欠思考和不科学的行为，不是因为我们缺乏关于科学思维模式的信息，而是因为不科学的思维是我们的习惯。

大脑非常喜欢我们已建立的神经通路，试图通过逻辑或启发来抵消它们通常不起作用。学员几乎总是会自动地坚持或回到旧的思维方式，特别是在压力下。不是因为他或她有敌意，而是因为这是生理性的原因。

思考一下：四步改善套路模型与创造性思维（20世纪20年代）、学习型组织（20世纪70年代）、批判性思维（20世纪80年代）、设计思维（20世纪80年代）、解决方案聚焦实践（20世纪80年代）、系统思维（20世纪90年代开始）、首选未来学习（20世纪90年代）以及循证学习（20世纪90年代）等创造性科学流程的其他模型有异曲同工之妙⊖。这些模型和其他模型在商业世界中已经推广了数十年。然而，它们对大多数企业的影响很小。尽管有无数的书籍、文章、演示文稿和课程，但令人惊讶的是很少有组织实施这些概念和原则。对于大多数人来说，仅有一个模型（比如改善套路模型）还不够，关键是如何以模型所描述的那样改变我们的行为和思维模式。

我们所知道的学习新技能的方法是刻意练习。运用正确的方法练习，就有可能建立新的习惯（新的神经通路），从而最终取代旧习惯，并改变我们的思维模式和行为模式，即使是成年人也不例外。正如脑科学家喜欢说的那样："每当你做某件事情时，你就很有可能再做一遍"，或者换一种说法："我们更有可能通过行为来达成一种新的思维方式，而不是用新的思维方式来改变行为。"⊖

但是，不要指望在第一次尝试新方法后你就可以成为专家！当你着手学习一项新技能时，在一段时间里，你将成为一名初学者（尽管只在该特定领域），从一些基础知识开始练习，这就是改善套路。改善套路模型的每一步都带有结构化的实践路径（初学者套路），以帮助个人、团队和组织打造其科学思维模式（见图1.9）。

改善套路模型四个步骤中的初学者套路实践路径构成了本书的第二部分。

请记住，初学者套路是一种技能训练的方法。没有"执行套路"这样的事情，而只有"实践套路"。本书中的初学者套路是用于传授和获取科学思维和行为模式的学习机制，并且从长远来看，随着其成员养成新的共同信仰和习惯，可以帮助组织重塑文化。

⊖ 如果你花时间细究，会发现所有这些模型都似曾相识。一个重要的原因：所有这些模型都是关于人类奋斗的。

⊖ Richard T. Pascale, Mark Millemann, 和 Linda Gioja,《改变我们变革的方式》,《哈佛商业评论》1997年11-12月刊。

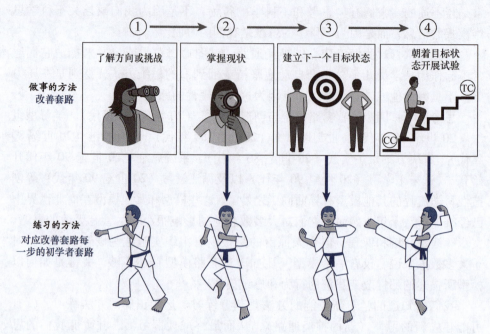

图 1.9 对于改善套路模型的每个步骤，都有初学者套路实践路径

实践初学者套路的阶段

当你实践一个特定的初学者套路时，记住下面三个阶段的进程，可以帮助你建立初始的习惯。当然在实际应用过程中，套路的实践不会有非常明显和线性的阶段。即使专家也会在各个阶段之间来回游走，回到某个特定的套路，以重温一些基础知识。这些阶段也会混杂在一起，因为学员可能与不同的初学者套路有不同的技能水平。无论如何，这是一种有用的方式，可以帮助你了解实践初学者套路时都要做哪些事情。⊖

初学者套路阶段 1：跟随。第一阶段是模仿套路：重复特定的训练程序，完全按照描述而不加修改。任何新模式的初次练习都要慢慢体会，就像你第一次开车时看后视镜一样，那些动作看起来很笨拙并且被强制，但在这时一定要抵制偏离路径的诱惑。这种不舒服的感觉是学习新事物正常的组成部分。

⊖ 在武术界，这些实践的步骤被称为守破离（Shu Ha Ri）。

而实际上你在这个阶段应该有深切感受。这表明你正在建立新的神经通路。为了体验这种感觉，可以试试用与你习惯的相反方向交叉双臂，或者用非惯用手来签名。

如果你连续几个月每天都用这种新的方式交叉双臂或签名，会发生什么呢？即使你不认同或不理解某些东西，你仍然可以做到。这是你以后会明白的。我们应当接受，一旦初学者套路的模式进入了你的无意识并且变得更加习惯化，它会变得更快、更顺畅、更容易。"跟随"阶段是起步缓慢进步神速。

初学者套路阶段2：熟练。在第二阶段，初学者套路的模式将变得很自然而不必多想。随着你的熟练程度的提高，你会明白实践套路的目的。你的决定和行动会变得更无意识，你的大脑资源更容易专注。你开始将自己的方式添加到这一科学思维元素中，并开始自动将其应用于工作和生活的其他方面。

初学者套路阶段3：分离。当进入第三阶段的时候，你可以在坚持其基本原则的情况下脱离正式的初学者套路，因为你已经内化了它们。在这个阶段，你可以使用所获得的知识来创建自己的方法并开创自己的风格。

实践初学者套路的一个好处就是它"与身体一起学习"⊖。如果你试图说服一个人采用不同的管理或工作方法，那么你就是在试图对抗组成他们现有习惯的神经网络。相反，你首先要让学员在一开始就按照结构化的、规定的方式去做，这是使科学思维更加自然的一种方法，因为在与你的身体一起学习时，你会参与一整套体验，无论是感官上还是情绪上。当你与身体一起学习技能时，它会建立一些难以忘记的新习惯，就像骑自行车。

初学者套路实践两种常见错误模式

1. 永久初学者。当我们认为自己对各种技能烂熟于心，并且不愿意实践那些让自己不适的事情时，就会出现这种错误。假设你实践了一种已经适合你的改进方法，你可能会厌恶模仿预定义的、结构化的初学者路径，并立即希望在花时间学习它所提供的基础知识之前，可以通过自由即兴发挥来改变初学者套路的模式。如果我们不先"屈尊降贵"地实践一些基本知识，那么我们在这个领域注定要成为初学者。

2. 实施者。当我们将初学者套路视为一种要实施的方法，并因此永久坚持其结构化的路径而不是将其视为开发新技能的初始步骤时，就会出现这种错误。如上所述，你不能实施套路，你只能练习。

⊖ 感谢我的同事皮埃尔·纳多（Pierre Nadeau）为我们介绍"与身体一起学习"这个短句。

在达到熟练阶段并可以开始改变其路径之前，需要练习初学者套路多长时间？

这个问题有时会被问到，但很难准确地回答，因为它取决于每个学员的进度。我们的想法是为了让学员在不偏离规定的初学者套路路径之前达到一定的熟练程度。一般来说，可能需要大约 15 个小时的刻意练习和不断修正，才能够实现从新手的水平转变为基本熟练的程度（请注意，基本熟练的程度还没有让你进入分离阶段。）。如果你每天在工作中练习 20 分钟，这可能需要约两个月的时间来练习一个特定的初学者套路。当然，你可以一次同时练习多个初学者套路。

至于学习全部改善套路四部曲，一个实用的建议是学员应该关注一个流程，完成至少三个连续的目标状态（三次通过整个四步改善套路模式），并在改善套路第四步中至少完成 25 次试验循环。这个反复训练的次数（假设伴随或多或少的每日辅导循环⊖）可能足以开始将改善套路模式变成新习惯。

掌握初学者套路之后会做什么？

随着你熟练掌握初学者套路中嵌入的模式，它们应该以自然、自动、习惯的方式成为你日常思维和工作的一部分。通过更深入的练习和潜意识的理解，你将在自动模式中应用改善套路模式。

一旦你内化了初学者套路，你就会发展出一种快速增长、令人愉快的能力，能迅速感知什么是现在最重要的（换句话说，下一步干什么）。

在某种情况下，你将能够以适合特定情况特征的方式进行重新组合和构建技能元素，甚至形成你自己的风格，同时保持初学者套路的基本模式不变。

这并不意味着学习的结束。你已经开始了一生不断深化技能的练习。学习核心技能和潜在的目标是在更复杂或不同于你习惯的情况下应用它们的基础，而这些情况又不适合死记硬背的应用。初学者套路是显性知识，现在你要努力开发隐性知识。当你这样做时，你的经验就会增加，你甚至可能喜欢在不同的或困难的领域中展示你的技能。

你将通过担任第二个教练角色来增加你的教练技能，甚至指导其他教练。你可能会惊讶地发现，指导别人会进一步加深你自己的科学思维能力，甚至更快。

⊖ 辅导循环将在下一章介绍。

如果你发现你自发地将科学思维的应用扩展到你生活的其他方面,不要感到惊喜。当其他同事匆忙下结论而不是科学地思维时,你可能对他们有一种求全责备的感觉。尽管从你自己实践初学者套路流程而言,你知道这种能力不是自然而然地形成,并且你知道如何改变它!

总结

我们已经介绍了你需要练习的方法,以便在自己或团队和组织中形成更多的科学思维。在下一章中,我们将探索有效练习的一些要素和特点。

套路和创意

杰弗瑞·莱克

有些人相信,实践预定义的路径会使创造力失去作用,并限制我们的潜力。这是一个很不幸的误解。

例如,音乐充满标准。音阶是标准的,还有标准的和弦,标准的节拍,比如 3/4 拍,4/4 拍。你学习这些标准技术并不断地练习,直到它们成为一种习惯。这就是初学者套路!

你听到和享受的具有创造性音乐是建立在标准之上的。爵士音乐家们可以聚在一起即兴创作的原因是因为他们已经学会了足够多的标准模式。他们从键盘开始,然后有许多标准的和弦模式,他们可以采用几乎无限的方式混合和匹配,以获得不同的声音组合。

就像武术和其他复杂的技能一样,你从练习套路开始,直到它们成为一种惯例,然后你可以开始脱离套路,可以将套路抛在身后,专注于音乐的声音。专业人员已经学会了基本惯例,并成为其第二天性,使他们在处于古典音乐之中时将注意力集中在表演上,而在处于爵士乐和摇滚乐之中时可以开发声音的新组合。专家级的作曲家和爵士音乐家甚至可能会违反一些规则,当他们成功地做到这一点时,它将成为其他人在音乐中采用新标准的基础。

第 2 章

有效实践的要点

你能否精通改善套路模式在很大程度上取决于你如何练习。它包含的不仅仅是大量重复初学者套路。

关于"刻意练习"

刻意练习是旨在通过执行→反馈→调整（见图 2.1）循环来提高效率的实践。有意识的练习包括找出自己的弱点和创造实践任务来改善这些缺陷，而不是反复做你已经知道如何去做的事情。通过纠正错误，你会变得更好。换句话说，如果你在不犯错误的水平上实践，那么你可能不会提高你的技能。

希望你能认识到，刻意的练习不仅仅是重复。你应该在你的舒适区之外和你可以学习的区域内练习。在这些区域里你会更努力，自然也会犯一些错误，这样

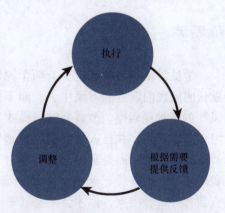

图 2.1 刻意练习旨在通过反复纠正错误来提高你的绩效

会锻炼你的大脑。如图 2.2 所示，你的学习区域由技能和能力（模式）组成，这种方式超出了你当前的能力。当你在舒适区里开展实践活动时，不会有真正的学习。因为，这些都是你已经掌握的模式，对你来说很容易。同样，在恐惧中尝试练习太过遥远的技能也是没有效果的，因为你还没有掌握这些技能的先决条件。随着技能的提高，你不断调整自己的实践，以保持自己在不断发展的学习区域来继续拓展自己。

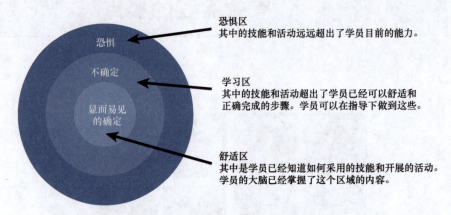

图 2.2　在学习区实践来提升技能

至此，你可能会发现有人观察并给你提供有关当前表现的反馈，对于理解接下来在实践新技能时你需要做什么是至关重要的。没有反馈，你可以非常熟练地做一些不好的事情。这意味着刻意练习是一种需要教练的实践。

你需要一个教练

学员需要一名教练至少有两个原因。一是我们自己自动并不知不觉地就会默认回到我们现有的习惯中去，而不是那些我们正试图建立的、仍然"弱不禁风"的新神经通路。改善套路的模式并不复杂，但可能很难实践。因为我们不习惯改善套路，并且人常常无意识地倾向于重复做自己熟悉的事情。我们需要教练的另一个原因是我们无法看到并感觉到我们做错了什么，我们无法观察到我们自己。也许你已经有了尝试新套路的经历，并且周而复始，但并不成功，直到有旁观者指点，你才会调整过来，并且几乎立刻就能获得提高。不幸的是，如果你一遍又一遍地重复错误的模式，有可能会强化弱点，并且使其难以改变。

如果没有教练的指导，我们很容易迷失方向，或者进行无效的实践。没有教练的指导，就不太可能改变我们的思维方式（在我们的大脑思维路线中）。而且，任何一位有成就的音乐家或运动员都可以告诉，即使你的技能达到了一定水平，教练的指导仍然会有助于你的持续进步。

辅导套路

如果实践改善套路模式需要一名教练，那么这些教练从哪里来？我们需要培养他们！

辅导改善套路的科学模式是管理者为实现组织目标而发展团队后备干部的一种方式。但是教练是一项和其他技能一样需要练习的技能。辅导套路是一个初学者套路。管理人员和主管可以通过这套教程培养改善套路教学技能。这不是一般的辅导套路，而是一套专门用于教授改善套路模式的实践套路（见图2.3）。这意味着教练应该在开始教他人之前首先有亲身使用改善套路的经验，以便他们能够评估学员的改善套路实践并提供反馈。但是，不需要等待掌握改善套路，一旦你内化了如何应用改善套路的基础知识，你就应该开始实践辅导套路并教导其他人，因为这样做会进一步加深你自己的学习。

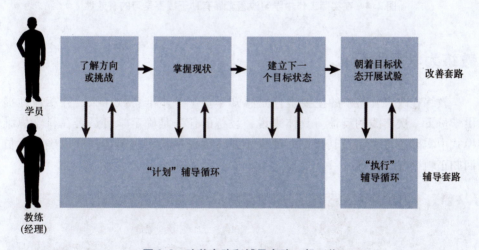

图2.3 改善套路和辅导套路一起工作

本书的第3部分将介绍辅导套路的初学者套路练习方法。

简而言之，在辅导套路中，每个学员都被指定一名教练。学员将改善套路应用到实际工作流程中，教练每天花很短的时间，在"辅导循环"中给学员提供反馈和建议。这个辅导是一对一完成的。一个教练可以有多个学员，但在改善套路实践中，教练一次只能辅导一个学员。因为每个学员都有不同的弱点和实践需求。这种辅导是作为每天正常工作的一部分完成的。这意味着教练可能是学员的主管或经理。辅导改善套路实际上是一种管理方式。在学员开始应用改善套路模式之前，没有额外的人力，工作也不能延迟，所以是免费的在岗培训。改善套路和辅导套路的魅力在于容易实践，效果立竿见影，而且内容非常丰富，但需要花时间才能达到真正融会贯通的地步。

在体育和音乐方面，练习和表演通常是分开的，但在商业世界中这通常是不可行的。在这里，学员在实际工作中实践改善套路模式，从而最终得到处理实际信息和问题的有效组合（见图2.4）。作为日常工作的一部分进行实践意味着学员将把改善套路模式应用于具有真正目标的真实流程。这样做的好处是，当学员专注于有意义的事情（学员个人获得了收益），并且融入了他或她的情感时，实践更容易改变思维方式。

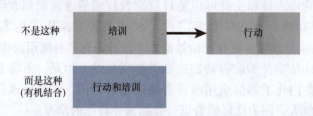

图2.4 在实际工作中学习改善套路有助于提高学习的有效性

教练为学员做什么

教练在改善套路中的主要责任是感知学员下一步准备做什么，并相应地提供学员下一次实践的反馈。具体来说，教练的任务是确定学员是否在科学思维模式中实践改善套路及其规则。如果不是，则需尽快引入调整程序以确保学员回归正轨（见图2.5）。

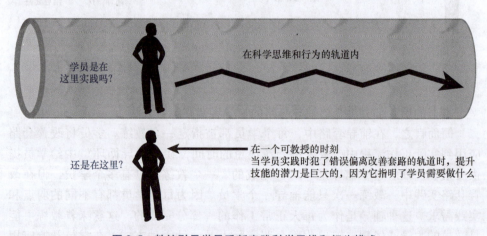

图2.5 教练引导学员重新实践科学思维和行为模式

第 2 章　有效实践的要点

然而请注意,偏离正常轨道并不是坏事,反而很有用,因为当我们挣扎纠结的时候,我们也在学习,可以通过纠正错误来进步。教练期望学员在应用改善套路时偏离正轨,犯错误,特别是在"辅导的时候",教练给出建设性的反馈,提升学员的实践水平。我们中的很多人可能不喜欢在犯错误时,接受来自另一个人的纠正性意见,但这实际上有助于你的技能发展。事实上,越是实践改善套路或辅导套路,你就越会强烈地感受到:"请帮我看看我做错了什么!"这是帮你增长专业知识的一个好兆头。

从未经训练的人的视角看,这有时可能看起来像教练正在指导并告诉学员该做什么。但教练实际上只教导学员如何朝向目标去解决问题,而不是为学员解决问题。这就是我们所说的"培养能力"。如果管理者告诉员工该做什么,那么组织的能力就局限于少数管理者所知道的事情,他们不可能知道所有事情,也不可能遍及每个角落。当管理人员以有效、科学的方式指导员工如何处理问题时,整个组织的智力才会更强大。

辅导循环,辅导套路的 5 个问题和学员的故事板

让我们快速介绍一下辅导套路,详细内容将在第 3 部分阐述。

为了提出适当的反馈,改善套路教练必须先了解学员目前的想法。教练怎样才能获得这些呢?在运动和音乐中,学员目前的技术水平是教练可以随时看到或听到的。然而,改善套路是一种科学思维模式,而思维是无形的,无声的!改善套路教练通过在被称为"辅导循环"的有组织的日常互动中,通过询问一系列问题并倾听学员的反应来了解学员的思维模式。

辅导循环是教练的入门套路之一。这是教练传授改善套路模式的主要形式和路径⊖。辅导循环是教练和学员之间短时间的、定期的、结构化的面对面对话,每天至少进行一次,持续 20 分钟左右。目的是经常审查学员的方法(他们的实践),并在必要时给予反馈,以确保其科学地向前推进。在学员实践改善套路的 4 个步骤过程中,辅导循环用来指导并向学员提供即时反馈和建议。这些频繁的交流不仅为学员提供了发展改善套路技能的途径,而且让管理者实践和提升了自己的教练技能,还帮助确保改善工作始终聚焦在组织的目标上。辅导循环是本书小标题所指的"20 分钟"。

20 分钟的辅导循环是针对以下几个问题:

⊖ 如同任何的初学者套路,只要基本的模式和原则保持不变,随着技能的开发,你的组织就能够在此基础上有所建树以适应你所在的环境和文化的特征。

- 评估学员思维的当前状态。教练通过提问并倾听来帮助学员制定适当的反馈意见。
- 识别当前的知识门槛，确保学员计划好合适的下一个目标，以促进学习。（在改善套路中，我们喜欢说每一步都是一个试验。）
- 向学员提供程序化反馈，通过引导学员将改善套路应用于实际工作流程，从而内化改善套路模式。
- 了解所关注的流程的当前状态，这可能随着学员进行试验而发生变化。
- 最后，每日有计划的辅导循环为教练和学员实践各自行为模式提供了线索（见图2.6）。

图2.6 改善套路（学员）和辅导套路（教练）是同一枚硬币的两面，他们在辅导循环中走到了一起

辅导循环给教练和学员提供了一个暂停的时间。他们可以反思学员的最后一步和学到了什么，审核下一步的计划，并根据需要进行调整。在辅导循环中，教练和学员不会解决所研究的流程中的问题。在两个辅导循环之间，学员会通过试验来解决这些问题。在辅导循环之外，学员通常可以每天花费大约一个小时来完成下一步，为下一个辅导循环做准备。根据需要，教练可能会选择陪同、观察和协助学员，特别是初学者。

每个辅导循环都围绕着一组问题进行讨论，这些问题被称为辅导套路的5个问题（见图2.7），这是教练实践的另一个初学者套路。辅导套路的5个问题是辅导循环的"主旋律"，并提供其结构框架。问题的顺序反映了改善套路的模式，并为教练和学员提供了一种帮助其成为第二天性的方法。这5个问题很容易学习，每次运用这些问题都会强化你的科学思维模式。

然而，给出辅导套路5个问题的主要目的不仅仅是一种强化技术。这些结构化的问题被教练用作提示，让学员的当前思维清晰可见，这样教练就可以根据学员的实际情况给出具有针对性的反馈。主要问题是脚本化的，但教练的其他问题和反馈则不是，它们取决于教练对学员思维的认识。下面是它的工作流程。在每个辅导循环中，教练应当：

1）询问学员5个问题，以及澄清5个问题之间关系的任何问题（将在第3部分详细解释）。

2）倾听学员的反馈，了解学员的想法，并确定当前他们存在的弱点。

3）根据需要提供具体的反馈，作为对这一特定的学员在特定时期的纠正性输入。

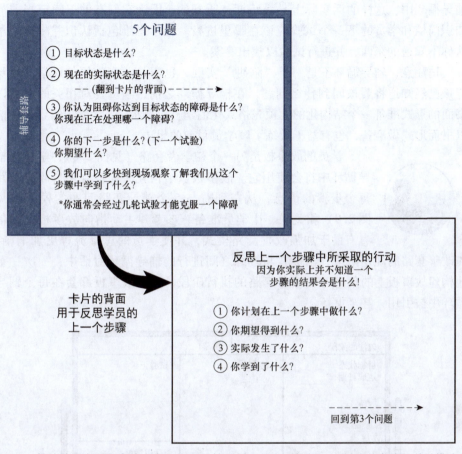

图 2.7 教练的 5 个问题卡片（这些问题是辅导循环的主要框架（遵循改善套路的科学模式），并帮助了解学员是如何思考的？（因此教练可以提供适当的反馈））

由于问题是提示性的，所以简单阅读问题并不是核心技能。提出 5 个问题就像一位高尔夫教练所说："请做几次高尔夫挥杆的动作，这样我就能看到你在做什么，"或者一位音乐老师所说："请稍微演奏一下，这样我就可以了解你的水平。"由于改善套路模式是一个看不见的心理流程，这里的方法是："我会问你这些问题，你如何回应将帮助我确定你的想法。然后，我可以针对你的情况向你提供具体的反馈，以便你的下一次实践尽可能有效。"该反馈应该是具体且有目的的。"你需要画出更好的方块图"，这是很差反馈。"请重新绘制你的程序框图以显示工作的步骤和流程，而不是流程的物理布局"，这是很好的反馈。

在几个辅导循环后，学员应该看到，他（她）并不需要担心与教练的交互。因为学生和教练拥有相同的目标：改善关注的流程，同时也提高学员和教练的技能。传统上，员工在回应老板时可能会说的最害怕的话是："我不知道"。在辅导循环中,这样的话实际上是教练期待听到的。因为它们有助于确定当前的知识门槛和学员的下一个试验应该在哪里进行。科学思维包括认识并冷静地承认你不知道的东西,并进行试验以找出答案。

请注意,辅导循环不是一个"陷阱"实践,也不是一个随便的对话。学员应该已经知道将要被问到什么问题。在辅导循环之前,学员要对相关的领域以书面的形式准备一个结构化的、预先格式化的学员故事板⊖。学员在辅导循环前以书面形式做准备,也有益于教练了解学员目前的想法。

学员的故事板是另一个初学者套路(见图2.8),学员在辅导循环中将会使用它。故事板以结构化布局整合来自改善套路每个步骤的信息,从左到右与5个辅导套路问题的模式(见图2.9)相关联。让学员准备、参考并主动指向故事板上的信息有助于加强改善套路模式,并使学员的思维流程更加清晰。

在改善套路的规划阶段,学员在与教练之间进行的辅导循环对话中,一次一节地构建故事板上的信息。在改善套路的执行阶段,整个故事板都会在每个辅导循环中被引用,甚至更新。

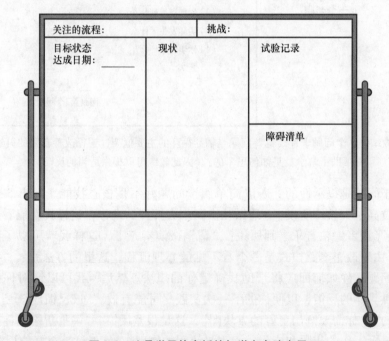

图2.8 这是学员故事板的初学者套路布局

⊖ 对被询问基本问题了解的确定性有助于学员更从容地应对他们正在实践的科学方法所内含的不确定性。

第 2 章　有效实践的要点

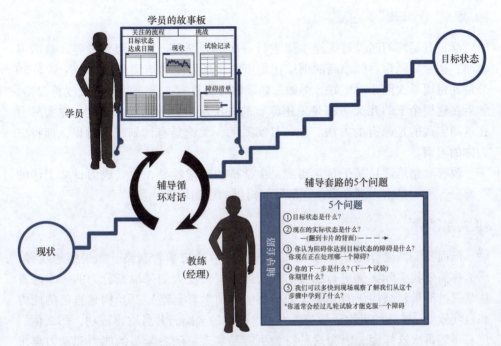

图 2.9　教练的 5 个问题和学员的故事板一起使用

有效实践的要素

图 2.10 中总结了获得新技能流程中涉及的 4 个关键要素，这些要素组成了辅导套路。当然，还有其他因素。但是，任何实践或教授改善套路的人都应该了解获得新技能的这 4 个要素。

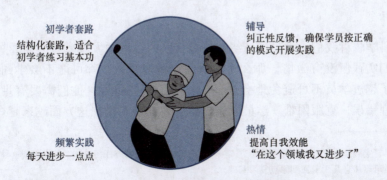

图 2.10　学习新技能的 4 个关键因素

33

频繁（"分布式"）实践

学员开始练习时，每天至少要进行一次辅导循环。这是因为要养成新的习惯时，通常间隔短、频率高的训练比集中的、高强度的培训效果更好。每天20分钟比每周一次两小时更好。例如，如果你每周只有一天或两天实践改善套路，然后在这周余下的几天里都是采用原有的方法从事业务活动，那么，你实际上在这周实践的是原有的方法。你每日实践的，无论是有计划或无意识，都将成为你的习惯。

改善套路培训是基于日常实践，由学员的经理辅导，使其成为日常工作的一部分，而不是由内部专家或外部顾问提供的定期培训⊖。

初学者套路

前面我们简要介绍了一些用在辅导循环中的初学者套路。如果你想实践，那么你需要找实际案例进行练习。从长远看，促使人们采取新行为的一个好方法是通过简单、结构化的方法（如本书中的初学者套路）开始构建自己的能力和自我效能⊖感。如果你让学员练习一个基本的套路，并且取得成功，那么他们更有可能再次这样做，因为这种行为更容易实现。随着学员的能力和动力越来越强，你就可以安排他们做一些有一定难度的事情了。

辅导

在学习新技能的过程中，学员会碰到针对技能模式的方方面面的困难和问题，并努力解决这些问题。为了及时纠正他们的错误，学员需要一位教练的定期指导。教练能够快速发现错误，并就如何纠正错误提出建议。在开始养成不良习惯之前，学员应该尽快纠正实践中的错误。

热情

脑科学告诉我们，学员的情绪在技能获取的过程中发挥着举足轻重的作用。如果我们实践但没有激情，那么无论我们实践多少次，都可能不会学到新的模式。为了越过学员不可避免地会遇到的停滞不前的阶段，他们需要有足够的动力去处理错误，克服困难。学员应该定期地感觉到"我在这方面越来越好"，这

⊖ 尽管实践是每天的，但你可能会进入一种状态，感觉自己没有任何进步。如果出现这种情况，学员可以休息几天或回到原点复习基础。

⊖ 自我效能是个人对自己完成某方面工作能力的主观评估。评估的结果将直接影响到一个人的行为动机。1977年，社会学习理论的创始人班杜拉（Albert Bandura）从社会学习的观点出发，提出了自我效能理论。—— 译者注

样,他(她)就对实践有着满满的正能量,有助于达到更高的技能水平。当人们充满激情的时候,他们学习新技能的效果最好。

这并不意味着每个学员都必须从一开始,或者始终保持热情,这是不切实际的。因此,教练有责任确保学员定期感受到进步和成就感,从而提高其自我效能感。自我效能是一种相信自己有能力在特定情况下取得成功或完成任务的信念。学员掌握的经验是决定其自我效能程度的最大因素。这意味着它是通过学员的个人经验来发展的。

自我效能——这是需要坚持的东西

实践改善套路帮助我们把不确定性更多地当作机会来体验。"我以前从来没有这样做过,但我通过实践知道了如何探寻,而且找到了解决方法。"这种自我效能的提高是因为在道路不确定的时候,改善套路技巧的提升让你和你的团队有所依靠。这是一种在复杂和变化中提供稳定性的安全垫。

当我们踏入未知的领域时,我们都需要一些东西来支撑并保持稳定。一种选择是依靠我们先入为主的概念,即我们的计划,来决定事情的进展,但未来并非完全可以预测。相反,当人们学习科学的操作方式时,他们可以从依赖于他们先入为主的观念转变为通过依靠程序和手段来驾驭未知,从而变得更加开放,并运用他们的创造力(见图2.11)。当然,我们仍然制定计划,但我们现在将任何计划视为一个可验证的假设。我们将变得更有弹性,更不惧怕犯错误和被别人评判,并且在学习区域变得更加如鱼得水。实践改善套路不会减少不确定性,因为你已经精通了处理这种不确定性的方法,所以你可以更加从容地面对不确定性。

图2.11　这是你尝试通过实践改善套路而创建的连锁反应

学习改善套路模式的典型路径

任何想要学习以改善套路为典型的科学思维技能模式的人都会经历一条如图 2.12 所示的路径。注意这个流程的阶段重叠。

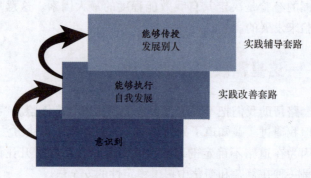

图 2.12　改善套路学习路径

1. 意识到。在开始时，你可以从书籍、网站、视频、研讨会等方面获得关于改善套路模型的基本知识。虽然你可能连步骤都能描述出来，但你还不会运用这项新技能。然而，你确实对此有了一个肤浅的理解。

2. 能够执行。这是你开始发展自己的技能并改变思维方式的阶段。在这个阶段，你正在积极实践和应用改善套路。这个阶段的目标是能够将单个初学者套路的技能要素串联起来，并在真实环境中成功应用四步改善套路模式。重要的是，我们没有办法绕过这个阶段，而直接跳跃式地进入下一步辅导他人的阶段。至少在一段时间内，你必须先做学生，然后才可以成为教练。

3. 能够传授。在这个阶段，你的经验让你更深入、更直观地了解改善套路模式背后的"原因"。现在，你可以指导其他人进行实践了。你会发现将科学思想融入任何解决问题的努力中相当容易，甚至是自动地并且可以轻松地认识到它的不足。我鼓励你找到一个学员，并尽快开始教授其改善套路，这将加深你自己的学习。

总结

我们现在完成了两章的内容。我们在这两章里谈论了科学思维和刻意练习。将这两个主题结合在一起是本书的基础（见图 2.13）。改善套路和辅导套路结合了一个实用的、具有四步科学工作模式和刻意练习的技巧，将科学思维变成任何人都可以学习的终身技能。

第 2 章 有效实践的要点

> 科学思维模式
> ＋
> 刻意练习的技巧
> ＝每个人都可以掌握的把科学思维模式当成一种技能

图 2.13　丰田套路实践指南背后的概念

将这两个主题结合起来对任何想要培养创造性、企业家精神和实施"学习型组织"和"系统思维"概念的个人和团队都很有用。在本书中实践一套初学者套路旨在提高你的竞争力，因为你在改善套路模式中培养的技能和信心越多，

- 你可以承担的挑战就越多；
- 你可以面对的挑战就越大；
- 你可以构建的知识就越多；
- 你可以更加快速地前进。

在下一章中，我们将着眼于如何创建易于日常实践的环境。

第 3 章

日常实践的角色和结构

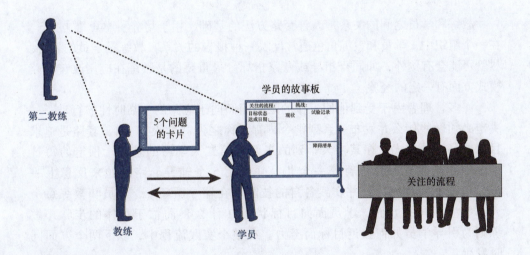

教练型的管理者

你如何创建一种具有一致的科学思维模式的组织文化?

组织文化是我们在工作中体现的思维模式。改变文化包括改变环境和刻意练习新的行为模式。当组织中有足够多的成员以新的方式完成工作时,文化就会发生变化。这表明,改变组织文化的实践和指导应系统地整合到组织的日常运作中。改善套路和辅导套路就是这样的流程,通过工作本身来培养人们的科学技能和思维模式。

在任何组织中,默认管理者就是老师——在我们这里就是教练。因为他们每天的一言一行,有意或无意地训练和塑造其成员的想法。这里的管理者是指任何管理他人或影响他们所做事情的人，管理者可能是传播和延续组织文化的主角。理想情况下，管理者的一言一行每天都会加强组织所期望获得的思维和行动，帮助创建和保持任何你想要的组织文化和能力。

现代社会、经济和社区的中心不是技术，不是信息，不是生产力，而是管理机构，作为社会机关产生结果。管理是特定的工具，特定的功能，特定的仪器让机构有能力产生结果。

——彼得.德鲁克
《面向21世纪的管理挑战》
（HarperBusiness，2001）

日常套路实践中的两个核心角色：学员和教练

教练和学员之间的关系是改善套路方法的基础，用于培养科学思维方式㊀。在一个组织中，学员和教练角色通常反映一种报告的关系，教练是学员的领导。尽管可能会有例外，如同行指导或专家指导。最重要的是教练在应用改善套路模式方面有一定的经验。

许多管理者由于受到他们工作的限制而倾向于应急的、临时性的行动——决定必须做些什么并发布一系列指令，有人称之为"救火"。改善套路是追求目标的另一种方式，在某一天学到的东西是第二天学习的基础。预定的每日训练周期让学员和教练暂停一会儿，并使用5个辅导套路问题来反思上一步，审查下一步的计划并实践各自的技能。在辅导循环中，学员和教练每个人都关注不同的方面，学员面向目标状态（什么）而忙于具体的步骤，教练则为引导学员如何接近目标而努力。在整个实践流程中，以下两个方面同时发生：

- 有一个改进目标。学员的主要目标是有效运用改善套路的模式，以达到组织中学员的目标状态——通过应用科学的改善套路模式，学员改善他们所关注的流程，迎接挑战。

- 有一个技能发展目标。教练的主要目标是通过指导学员在实际流程中应用改善套路模式实现目标来提高学员的技能。教练通过提问和程序化的辅导来引导学员的思考过程，而不是具体内容。教练的重点是通过指导学员实践改善套路模式，培养学员挑战困难的能力。进而提升组织内部的能力，目的是创建和追求富有挑战的战略目标。

尽管他们每个人都有不同的重点，但教练和学员的角色是相互依存的，这

㊀ 本书指的是教练和学员。有些组织使用的术语是Mentor和Mentee或Coacher和Coachee。

一点微妙而重要。教练依赖于学员朝目标状态前进，但只能给学员程序化引导，而不是具体的解决方案。这是因为没有人事先知道什么样的解决方案会帮助我们达到目标状态。反过来，学员依赖管理者的有效指导来培养他（她）的技能[1]。

这里可以这样看。教练/管理者不能亲自参加比赛，因此需要学员成功地进行比赛，否则组织的目标将无法实现（见图3.1）。有时学员可能无法达到下一个目标状态，或者无法按时达到目标状态，这很正常。但是，如果一个学员一直不能达到目标状态，那么实际上的责任人就是教练了。因为，如果学生没有学好，那就是老师没有教好。以一种优雅的方式来表述，教练像学员对教练的依赖那样依赖于学员。他们是密不可分的共同体。

图3.1 经理负责让他（她）的员工获得成功

当我们看到著名运动员时，我们可能会认为他们的成功是缘于他们自己。但实际上，他们的教练扮演着关键角色。教练的工作不仅困难重重，而且往往是幕后英雄。当学员们成功抵达目标状态的时候，教练大都不显山露水。

---

[1] 在运动和音乐领域，学员常常可以选择教练。但在职场中，学员通常无法选择自己的上级。更有理由证实组织中的领导所教授的是他希望其下属学习的内容。

第三个角色：第二教练

既然教练也需要训练技能，那么他们也需要教练（见图 3.2）。第二教练辅导第一教练，并负责第一教练的辅导效果。第二教练通过定期观察辅导循环，向第一教练提供反馈和建议。第二教练可以是第一教练的上级，也可以是第一教练的同事，或者专业人士，如精益专员。像第一教练一样，第二教练也应该具有应用改善套路的经验。我们将在第 3 部分结束时讨论第二教练的角色。

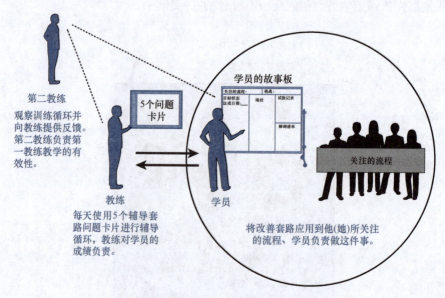

图 3.2　改善套路实践中 3 个主要角色的简要描述

组织结构遵循目的而定

简单的数学计算：如果每天每次的辅导循环需要 20 分钟（如第 2 章所述），并且学员需要单独辅导，那么管理者直接下属的数量决定了他将花多少时间来辅导每个直接下属。在一些组织中，经理们有 20-30 位甚至更多的下属直接向他们报告。如果你尝试将改善套路部署到这样的组织结构中，它将无法取得成效。

> 你可能听说过丰田的一个团队领导者（group leader）与大约5个组长（team leader）的典型比例，每个组长又大约有5个组员。许多组织都试图复制这种5∶1的结构，但很少或根本没有效果。因为他们忘了关键点：丰田拥有这种结构的原因是因为希望其管理人员辅导他们的员工每天实践和发展科学解决问题的技能。这个目的促成了现有的结构。其他组织可以通过复制目标和原则，制定适合他们自己的组织结构，把改善套路的辅导做得更好。
>
> 组织中管理职责的范围可能反映了组织领导者一直关注的重点。在上述20至30个直接报告的例子中，当出现严重问题时，关注的重点可能是成本削减和管理例外情况，而不是发展和利用人员的技能来实施改进、适应和创新。当然，降低成本可以定期成为一个合理的目标，但请切记，我们不能通过降低成本而建造伟大的组织。你的组织想要实现、努力奋斗的目标是什么？为客户而成就伟大？你的组织是否具备实现这些目标所需要的技能和思维方式以及辅导结构？

改善套路实践的两个辅助角色

对于下面提到的其他角色来说，这些辅助人员的支持是非常有帮助的，学员和教练的成功就是这些角色的成功。也就是说，组织通过经理们及其团队的活动不断改进，持续创造价值，实现目标。

精益团队或改善团队的成员、人力资源

由于培养员工是每位管理者的责任，因此精益或改善团队成员主要承担服务和支持职能，以帮助管理者取得成功。精益人员应该影响管理者，并设法通过他们来进行改善，而不是试图独立于管理者改进工作流程。他们可以做到这一点，例如，通过培训、观察和指导管理者，而这些管理者又会反过来指导改善套路的应用实践。如果这些辅助人员越位为学员培训改善套路，那么就淡化了管理者培养自己员工的责任。

但是，如果精益专员们没有应用改善套路的经验，直接让他们扮演第二教练的角色并不好，应鼓励他们自己从实践改善套路开始。

外部教练

外部教练的作用是帮助组织中的选定人员尽快、有效地掌握辅导套路的技能，以便这些人可以在组织内传授和推广改善套路，同时减少对外部专家的

依赖。外部教练在开始的时候比后期要使用得多与改善套路有关的任何演示、培训和指导应尽快由组织内部的人员完成，这一点非常重要，因为教学行为也会提高教师的技能。外部教练的作用是帮助你开始工作并为你提供支持，而不是为你进行演示、辅导、培训。因为这会阻止你和你的组织开发必要的技能。

外部教练还有一个任务就是定期参与，评估组织并进行外部对标。

按设定的时间表执行辅导循环

对于每个学员，你将在工作日或轮班开始时的特定时间安排定期的辅导循环。第一个辅导循环应该安排在一天的早些时候，这样如果可能的话学员可以在当天进行下一步训练。使用辅导循环的公司通常会建立一个"套路时区"，例如从上午9点到上午11点。在此期间，管理人员不发送电子邮件、不参加会议，也不拨打电话。

在定期的辅导循环之后，教练和学员可以决定是否希望或需要进行额外的辅导循环。对于初学者来说，在学员采取每个步骤之后尽量做一个辅导循环，以便迅速收到反馈并立即进行更正。一旦学员变得精通熟练，他们就可以采取多个或更复杂的步骤，而不需要每次都有教练介入。

基于每个案例的情况，教练也可以决定陪同学员，特别是初学者，在学员下一步的学习过程中，观察学员的行动，并在正式辅导循环之外提供额外的辅导。

在这一点上，可能会觉得辅导改进套路会是一个耗时的附加工作，消耗整天的时间，而且所有人都在忙于辅导或接受辅导。经验表明实际情况刚好相反。实践一种科学的工作方式可以减少管理者本来要花费在救火、非结构化会议、额外的对话和不必要的问题解决上的时间。随着你的教练技能的提升，你应该能够开始以更少的精力和时间去取得更好的结果。

通过实践，每个辅导循环只需要20分钟或更短的时间，因为每个循环只是回顾上一个试验，并检查下一个试验是否会促进学习。辅导循环不是从头开始规划下一个试验，也不是开展试验本身，虽然可能会根据讨论的内容修改下一个试验㊀。在一个辅导循环中，教练与学员确定了当前的知识门槛，并就学员的下一个试验达成共识，去实践并超越它。就是这些工作，在辅导循环之间学员完成试验和下一步计划。

㊀ 你可能需要实践多次才能在10~20分钟完成一个辅导循环。

为什么每天安排辅导循环?

对于学员:
- 几天才见面一次意味着学员在实践活动之间有太多的时间来自由培养新的技能和思维方式。简短的、频繁的反馈和实践对于培养新的习惯更有效。
- 学员正在培养一种习惯,即针对目标状态进行简单、快速和频繁的试验。如果辅导循环不频繁,那么学员的步骤往往会变得太大或变成多步骤的行动计划。

对于教练:
- 初学者教练也需要经常实践,实践是为了提高自己的教练技能。
- 预定的辅导循环是教练和学员练习他们的改善套路和辅导套路行为模式的线索。
- 你始终如一地向学员提供反馈。

如果你还没有开展任何改善套路辅导,你可以为了实践而转换角色!

要想每天都能指导学员,让管理者成为改善套路教练是一个重要因素。然而,在开始的时候,你可能没有足够的,甚至没有任何有改善套路经验的管理者,在这种情况下,你如何指导学员?

解决缺乏内部资深教练的一种方法是找到一位经验丰富的外部教练或顾问来指导一些管理者入门。这些管理者开始作为改善套路的学员,然后成长为教练。

另一个启动阶段暂时的解决方案是让人们轮流练习,大家依次扮演学员、教练和第二教练的角色。在开始的时候,这些角色的分配和扮演只是名义上的。你从字面上改变相对于故事板的位置(见例1和例2)。这些轮换角色的模拟是临时的、人为的日常训练结构,以尽可能快地培养出改善套路和辅导套路的经验和能力。训练通常持续六到八周(例如,通过三个连续的目标状态)。所有其他辅导循环的指导方针都保持不变,包括他们在每天早上安排的事情。

例1:日常角色轮换。如果你们有三个人想参与实践,但没有教练,就可以使用这种每日轮换模式。实践小组的每个成员都是一名学员。将改善套路应用于所关注的不同流程,由小组的指定成员进行指导,并且每天轮换一次。还可以添加第四人和第四个关注流程,让每个轮换中有两个人担任第二教练(观察员)。

	第二教练	教练	学员	关注的流程
轮换1			你	流程1
轮换2	你			流程2
轮换3		你		流程3

例2:周期性角色轮换。在这种轮换模式中,一个实践小组的成员都使用相同的关注流程,并定期轮换其团队中的角色。例如每10个辅导循环轮换角色。在这里,你也可以通过让两个人担任第二教练来为实践团队添加第四人。

	第二教练	教练	学员	关注的流程
	← 在每个团队内轮换角色 →			
轮换1			你	流程1
轮换2				流程2
轮换3				流程3

总结

本章讨论了日常辅导循环中教练与学员的角色以及教练与学员的相互作用。这是改善套路实践的基本结构。《丰田套路实践指南》就是为学员和教练量身定做的刻意练习指导手册。至此，你可以开始实践改善套路了。短小精悍的第 4 章将为你介绍如何做好实践准备。

在下面的方框中，我们将扩展一下视角，看看如何在整个组织中增加和部署基础教练/学员配对，从而产生科学思维的组织文化。

大视野：发展科学思维组织文化[⊖]

我们可能会认为创新是某些人的灵光一现，因为历史书上经常这么写的。然而，大量的改进、适应和创新实际上是多个试验者的累积效应，都指向一个方向。创新行动是企业面对挑战而开展的日复一日的改进迭代，通常在整个组织中进行，整个组织的成员都是创造者和创新者。

由此得出的一个推论是，一小部分管理者无法设想和指导所有必需的调整，以实现真正具有挑战性的战略目标。改善套路和辅导套路通过培养一种共同的、科学的工作方式来处理这种困境，团队运用这种工作方式来实现共同的战略目标。改善套路和辅导套路的方法是可扩展的、相互连接的管理模式（见图 3.3）。

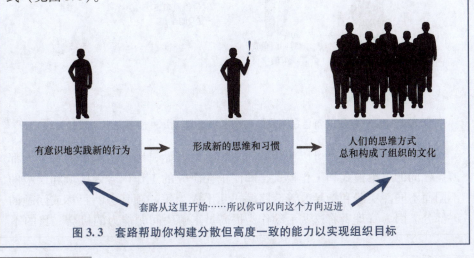

图 3.3 套路帮助你构建分散但高度一致的能力以实现组织目标

⊖ 这个题目是《丰田套路文化》（麦格劳希尔集团，2017 年）一书的主题。

请注意，这不是出于友善去培养团队。这是通过命令和控制的管理方法去达到你无法快速实现的艰难目标。这是对实现这些目标需要调动组织中许多人智慧的认知。在许多商业领域，长期竞争力可能归结于这些组合：1）了解客户需求；2）为你如何在这些方面竞争制定有挑战性的策略；3）开发和利用组织的能力，在不可预知的道路上迎接这些挑战。

改善套路和辅导套路实践在组织上下全面开展后情况会如何

在组织的每个级别中开展教练与学员配对。每个组织成员都有一名上一级教练（他（她）的上级）⊖，在另一个方向上每个成员都是一组学员的教练（见图 3.4）。角色是分形的，以共同的语言、结构和工作方式将组织的所有成员联系起来。每个辅导循环都是向组织目标调整迈进的机会。

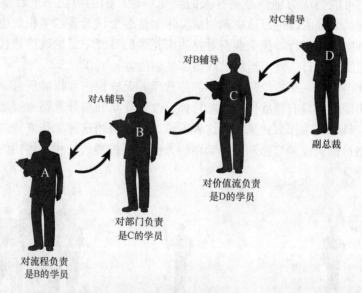

图 3.4 教练/学员的角色在组织的各个层级重复（每一层都是下一层的教练）

每个教练和学员都可以从相同的常规练习开始，因为组织中的每个人都遵循相同的思维模式和工作模式，即使正在研究的工作内容因区域和层级的不同而不同。实践和指导改善套路模式几乎成为每一项任务、目标或问题的一部分。因为管理者将这些活动作为提高员工解决问题能力的机会。目的不

⊖ 分形是在每个层级都会重复发生的相同或类似的模式。

仅仅是实现一个目标,而是同时更好地实现目标。

像这样训练改善套路和辅导套路,你将:
- 通过创建共享目的和连接使得整个组织协调一致。
- 把创建科学思维文化变成日常工作的一部分。
- 创建共享的技能集,从而产生你的组织可以用来追求具有挑战性战略目标的能力和力量。
- 开发一种通用的工作语言。
- 让创新发生在组织的每个层面。

最终发展你自己的方式

在一些组织中,科学思维的实践已发展成为一种普遍的做事方式。而在其他组织中,它可能只局限于几个感兴趣的团队,它可能会经受时间的考验,也可能无法经受时间的考验。

第1章描述了实践初学者套路的学员经历的3个阶段:跟随→熟练→分离。从某种意义上说,一个组织可能会经历类似的阶段:从本书中使用初学者套路开始,到最终找到自己的方式(见图3.5)。该组织使用最初的初学者套路,直到大批管理人员都能娴熟地使用改善套路模式并辅导他们的成员。那时,我们可以开始讨论科学思维的文化转变。如果仔细观察,你会发现初学者套路的意图和基本模式仍然很明显,但组织可能已经开始发展自己的程序和语言,并且使用科学思维作为它实现目标的正常方式,也许甚至不这么称呼它。

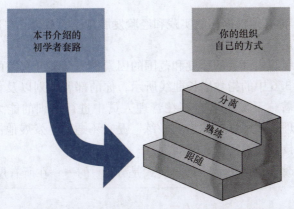

图3.5 根据初学者套路的实践,你的组织可以开发自己的路径和语言

关于在组织内整体部署的说明

在整个组织内规划新技能的完美部署是不可能的。自然会出现不可预见的阻碍、问题和弱点。发现、从中学习并相应地调整你的部署是非常重要的。事实上，这些障碍、问题和弱点是有裨益的，因为他们告诉你下一步需要做什么。你正在朝着期望的文化不断试验，这意味着你应该将相同的改善套路科学模式应用于你建立改善套路技能的努力中，使用改善套路方法在组织中部署改善套路。

为了促进这种学习和调整，你应该尽早确定由哪些人组成引导团队来负责引导你的部署⊖。团队应该对部署进行定期反思（使用5个辅导套路问题作为这些反思的主题），并根据需要引入部署修正课程。希望你已经开始思索："是的，我们也需要将科学思维应用到我们的部署中！"，因为有目的的调整组织文化是一项重大任务。

- 这不是仅仅在你现在如何管理的基础上添砖加瓦，而是改变你的管理方式。
- 这不能授权并简单监控。在能够辅导他人之前，管理者应该是第一批自己实践和学习新技能的人。让能力最强的管理者先开始实践，再让他们指导下一批的管理者。
- 为了使改善套路模式成为一种习惯，应该将其作为每天正常工作的一部分进行实践和辅导。
- 没有人一上手就能成为行家里手，每个人都应该习惯于犯错、纠正和学习这个过程。
- 最终，你必须根据你的实践和经验发展自己的系统。在这个过程中引导团队起着举足轻重的作用。

主要制约组织内部署的速度和范围的因素是内部辅导套路的熟练程度有多高。正如图3.6中的指数增长曲线所示，你的部署计划以及相关的持续改进流程可以随着你开发更多能够在管理人员中进行培训的能力而扩展。当然，只是把管理者改个称呼称为"教练"是行不通的。发展他们的改善套路和辅导套路的技能需要实践和时间。

好消息是改善套路和辅导套路模式是分形⊖的——在所有层级遵循相同

⊖ 有些组织甚至把这个引导团队美其名曰"牧羊队"（shepherding group）。

⊖ 分形（Fractal）一词，是1973年由芒德勃罗创造出来的，其原意具有不规则、支离破碎等意义。通常被定义为"一个粗糙或零碎的几何形状，可以分成数个部分，且每一部分都（至少近似地）是整体缩小后的形状"，即具有自相似的性质。——译者注

的模式——这可以极大地帮助你部署。虽然每个组织努力实施改善套路的技能是独一无二且不可预测的,但每个人都在相同的基本学员/教练结构中实践相同的初学者套路。

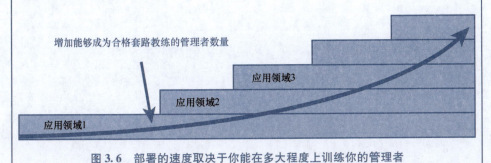

图 3.6　部署的速度取决于你能在多大程度上训练你的管理者

第 4 章

准备好实践

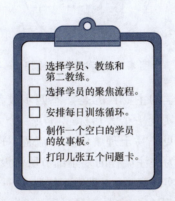

开始改善套路实践的最佳地点之一就是你现在工作的地方,无论在你之上是否有全身心承诺的领导。你可以在自己的工作岗位上改进实际的工作流程,也有可以互相指导的人员。通过改善套路的模式和实践路径,在你的工作场所获取一些能力,然后你可以随时随地应用新近获得的技能。

这个简短的章节给你的建议是你应该为你的初步实践提前做哪些准备。

选择学员、教练和第二教练

教练通常是学员的上级,尽管也可以由同仁担任教练。理想情况下,教练应该具备应用改善套路模式的一些经验。但如果没有,你可以暂时聘请外部顾问或第 3 章中描述的某种轮换模型。

第二教练通常是教练的老板、同级别的员工或精益专员。第二教练也应该具有应用改善套路的个人经验,尽管在开始时对你来说可能并非如此,不过,以现有的资源开始吧。

选择学员关注的流程

本书中，流程是指一个人或一群人通过一定的方法，借助物料和设备的交互作用产生结果或完成任务的一系列活动。流程有多种，包括生产、行政管理、医院、物料处理、订单录入、实验室程序，客户退货等（见图4.1）⊖。

图4.1　各种各样的流程

对于初学者来说，初学的主要目的是熟悉四步改善套路模式和入门套路实践的基础知识，而不是要实现一个大目标或解决一个大问题。对于学员的第一次实践，尽量用一个看得见、易于理解的工作流程，以便学员可以专注于实践改善套路的模式，而不必为关注流程的复杂细节所淹没。

对于初学者的第一次实践来说，"日常工作"是一个不错的选择。例如手工作业，每30秒至5分钟内重复一次循环（见图4.2）。通过这类过程，学员可以很容易地获得对现状的基本理解，向着目标状态进行几次试验，并测量结果，所有这些两周内完成。为了找到这样的关注流程，你可能需要暂时将学员带到他们正常的工作区域之外。或者，你可以选择一组较小的活动，它是一个较大流程的一部分，例如子装配。

教练应该决定学员接下来可以做什么。在前两周实践之后，大多数学员能够开始将改善套路应用到更复杂的流程中。理想情况下，他们应该在自己的工作区域开始应用。与最初的实践不同，现在关注流程的选择应该越来越多地基于需求，与更大的战略目标相关联。例如有更高级别的挑战或未来状态的价值流设计。从这时开始，教练应该确保学员的实践是一个有意义的、与战略相关的改进目标，而不是随机改进。我们将在第2部分的"第1步：了解方向或挑战"一章中详细讨论这个题目。

⊖ 几个流程连接在一起组成"价值流"。但是，在本书我们讨论让学员专注于一个单独的工作流程而非价值流。

第 4 章 准备好实践

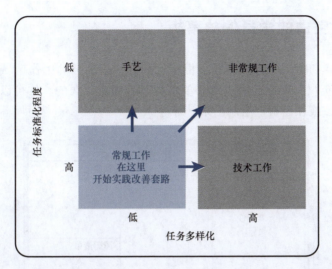

图 4.2　对于学员来说将日常工作作为第一个关注的流程是一个不错的选择

注：改编自：1）杰弗瑞.莱克和大卫.梅尔所著的《丰田人才精益模式》⊖；2）佩罗和查尔斯在 1967 年发表的《组织的比较分析框架》（美国社会学评论 32：194-208。）

安排你的每日辅导循环

拿出你的日历。为每个学员在工作日开始前安排一个固定的时间，每天进行 20 分钟的定期辅导循环（见图 4.3）。如果可能，把时间安排在每天的早些时候，以便学员可以在同一天采取下一步行动。

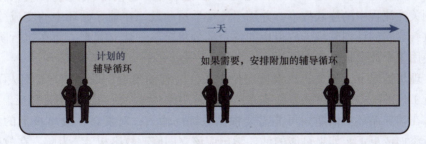

图 4.3　在工作日的早些时间安排每天定期的辅导循环

⊖ 《丰田人才精益模式》，由机械工业出版社翻译出版——译者注

制作一个空白的学员的故事板

从图 4.4 和附录中所示的故事板格式开始。故事板的工作区域应该至少有 90 厘米（3 英尺）高。此时没有必要将故事板做成永久的。你可以将它打印在一张大纸上，或在白板上绘制出来，等等。

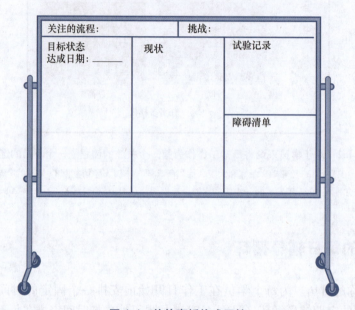

图 4.4　从故事板格式开始

学员的故事板将是一个"活的文档"，这意味着它包含了学员将改善套路应用到关注流程中的连载故事，并用于支持学员和教练在辅导循环中的交流互动。在改善套路的计划阶段，故事板的各个部分将被逐一建立起来，而在执行阶段，将使用整个故事板。

理想情况下，学员的故事板应位于关注流程的附近，以便辅导循环尽可能靠近工作的地方。这意味着教练在辅导循环中来到学员身边，而不是相反。

在辅导循环对话期间可能需要根据教练的输入，对发布在故事板上的细节进行添加或更正。如果可能的话，学员应该立即修改故事板⊖。为此，在故事板上放置铅笔和橡皮。

⊖ 一旦有可能，教练将马上更正实践过程中出现的错误。

打印一些5个问题的卡片

你至少需要为教练、学员和第二教练各准备一张卡片。请注意，卡片是双面的。通读卡片正面和背面的问题，看看它们的逻辑和流程。注意问题是如何嵌入其中的，这意味着下一个问题是前一个问题的一个子集。

这五个问题是辅导循环的主要标题。五个问题卡是教练执行辅导循环的脚本。在每个辅导循环中，教练会一次一个地询问卡片正面和背面的所有问题。正如他们在卡片上写的一样。学员事先知道教练会问的主要问题，有些学员甚至在故事板上张贴了5个问题的卡片。在卡片上的每个问题后，教练还可以询问他们自己用于澄清的问题，以探究学员的思考过程，获取更多信息，并帮助确定当前的知识门槛。

本书第2部分和第3部分的内容

亲爱的学员和教练：

《丰田套路实战指南》第2部分和第3部分是你初步实践的秘诀。对于学员来说，第2部分介绍了如何根据改善套路模式为每个步骤做初学者套路（见图4.5）。对于教练来说，第3部分包含初学者套路的指南和说明，用以辅导正在实践改善套路的学员。

这里介绍的初学者套路是经过充分测试的方法，可以帮助你开发更强的科学思维能力。尽管它可能会使你感到尴尬和不自然，但还是要按照本书所介绍的方法正式而细致地实践初学者套路。从实践每个步骤开始，并学习它所传授的基本模式。

然而，当你掌握了技能要素并且把它们变得更像第二天性的时候，你的实践就可以不那么死板了。随着熟练程度的提高，初学者套路看起来将不像是单独的项目，更像是自然流动的部分。它们之间的界限也开始逐渐模糊。

例如，当你努力了解一项挑战时，你也可能会立即开始认识到你所关注流程的现状。当你努力掌握现状时，关于适当目标状态的想法可能也会出现在你的脑海中。当你试图确定下一个目标状态时，你会很容易地认识到你还没有足够深入了解现状，只需简单地返回以得到你遗漏的信息即可。当你针对目标状态进行试验时，你还会加深对现状的了解，并获得可为目标状态添加更多细节的见识。

你也会开始认识到，无论如何，你所采取的每一步都是一个试验，可以修正你迄今为止的所思所想。在那一刻，我想你可以开始称自己是一名科学家。

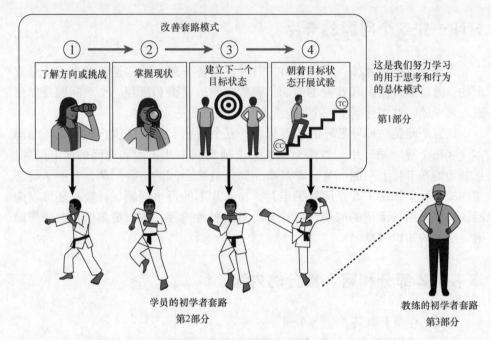

图 4.5　丰田套路实践指南的布局

或者说，更好的是，一个我们永远不会完全了解现实的探索者。你甚至可能开始把不确定性看作是一种快乐，因为这意味着在我们的生活中，探索和有趣的发现是永无止境。这就是科学思维和持续改进的意义所在。

当你的实践达到一定程度，科学思维就成为一种连续流，你几乎可以在任何情况下运用其力量。娴熟的实践者凭借从亲身实践中获得的技能，可以很自然地应用改善套路。他们很快就会看到在任何情况下什么是重要的，并脱离严格的套路，将"根深蒂固"的基本要素以符合原则又适合当下情况的方式串联起来。

而我会向你脱帽致敬。

对学员的建议

生活的乐趣之一就是成为一名学习者。当我们进入第 2 部分和第 3 部分时，学员和教练都将成为各自角色的学习者。让我提出以下建议：

1）采取一种"初学者的心态"。任何学员的第一步就是要承认，无论何时只要我们想要获得一种新的思维方式和行为方式，我们都将成为这个特定领域的初学者。注意：你对某个主题越熟悉，你越可能会封闭自己。你对实践的态度有多积极将大大影响你能在大脑中重新配置多少新技能。总之，你必须"想要"。

2）假设你会遇到失败、瓶颈和挫折。起初，一个新的技能模式很可能会让人感到尴尬和无效，因为你已经养成的习惯会阻碍你尝试培养新的习惯。这种感觉是正常的，实际上这是学习过程中的一个标志。在不同的时候，你可能会觉得"我认为这并不适合我"，这可能阻碍新模式的出现。如果需要，你可以暂时休息一下。在教练的帮助下，你的努力迟早会产生一些积极的结果。这些结果应该会提升你的热情，并使你渴望继续下去。最终你会发现自己会不假思索地使用新技能。

3）一次只专注于一个初学者套路。不要过分担心整个改善套路模式的顺序，你会成功的。相反，你要专注于实践每个初学者套路，让它成为自然，你就成功了。改正你的错误，直至你做得更好才继续前进。假以时日，你将把初学者套路的技巧结合到改善套路的整个科学思维和行为序列中。

4）把错误看作是改善的机会，并作为你下一步行动有用的参考指标。错误是特别有帮助的"教育时机"，因为你和你的教练可以利用这些经验作为改正和解决问题的指示器。问问自己，"我应该调整什么，在这里做点什么不同的？"然后立即行动。

5）悉心倾听你的教练。你的教练可以帮助你保持专注，提出纠正性调整，并确保你获得成功，从而加快你的学习速度。这就是为什么教练给你提供意见、想法和反馈。教练评估的不是你个人，而是你目前在执行新技能要素方面的水平。久而久之，你甚至会觉得没有教练很奇怪，因为如果没有教练，你就无法分辨自己做错了什么，而且可能会养成坏习惯。

作为一名学员，你的激情和坚持会让你在很大程度上深化你正在学习的技能和思维模式，并将其转化为新的习惯。带着我的良好祝愿，让我们开始吧。

第 2 部分

学员的实践指南

（改善套路）

实践科学的工作方法和思维方式

欢迎来到四步改善模式的实践章节。改善模式的四个步骤呈线性排列。这将让它们更容易被实践和理解，也是个很好的开始。随着经验的增长，你将会发现实际上这些步骤往往是重叠。

第 2 部分包括五章：

第 5 章：了解方向或挑战（第 1 步）

第 6 章：掌握现状（第 2 步）

第 7 章：建立下一个目标状态（第 3 步）

第 8 章：朝着目标状态开展试验（第 4 步）

第 9 章：总结和反思

每一个实践章节都由两部分组成——一是概念介绍；二是对于初学者套路的指南——就像下图中一个硬币的两面。

改善套路的 4 个步骤分两个阶段：计划和执行。前 3 个步骤组成了计划阶段，包括第 5~7 章。第 4 个步骤构成了执行阶段，也就是第 8 章。当整个流程完成后，接着做一个总结和反思，规划一下如何开展下一个改善套路。这些将

在第 9 章里阐述。

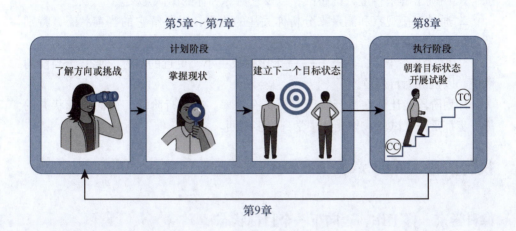

计划阶段（第 5 章~第 7 章）

科学有效的问题解决和改善的基础

当我们面对一个难度极大的目标时，我们会有急于行动的本能。毕竟，越快启动，越早达成，不是吗？

不一定。

我们通常不把计划看作行动的一部分，因此最终得到的结果往往是糟糕的。因为我们在急于行动时，会仓促地下结论，并开始试图过早地"实施"预先的想法。正如第 1 部分所描述的那样，这是我们大脑的一种自然倾向，它会在没有提醒我们的情况下，迅速填充缺失的信息，让我们自以为自己知道的比实际知道的要多。

改善模式的四个步骤是对抗这种大脑倾向的方法。它包括：

1. 明确了解来自上方的挑战，以及它对你和你的团队意义。

2. 通过直接观察和测量来分析你关注的流程，以了解它的当前状态，特别是它与挑战的关系。

3. 设立下一个目标状态——一个比挑战更小、更近的目标，要基于当前的情境，以挑战为目标。

计划阶段能让你在执行阶段变得更有效率。在执行阶段，面向目标状态的每一步都是一个试验，你能从中学到很多东西。

执行阶段（第8章）

像科学家一样工作，迈向下一个目标状态

确定你的下一个目标状态很重要，同时出色的执行力也非常重要。如果你把两者结合起来，那么一切皆有可能。

在第8章里，伴随初学者套路一起，学员将学习如何朝着目标状态开展反复的试验，学习如何计划和进行有效的试验，以及如何快速实施。

总结和反思（第9章）

每当达到了目标状态或达到目标状态的完成日期，改善套路的4个步骤就会重新开始，并重复进行。在每一次四步循环中，学员都要练习全部的初学者套路。然而，请注意，执行阶段的初学者套路自然要比其他阶段的练习更多，因为在那个阶段会重复几个试验循环。这就意味着，要想在计划阶段获得足够的练习，学员需要实现一系列连续的目标状态，从而经历几次完整的改善套路练习。

第 2 部分　学员的实践指南（改善套路）

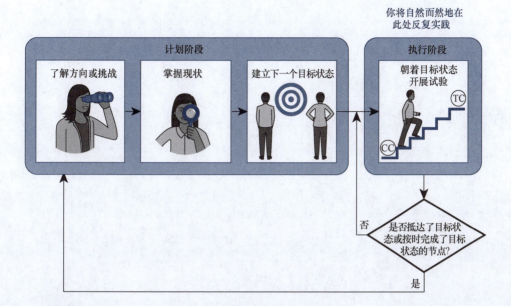

最终，改善套路模式应成为你的一种自动思考方式，遵照初学者套路里每个步骤的说明进行练习，记住第2章中的有效实践指南，并听从教练的建议。

65

第 5 章

了解方向或挑战（第 1 步）

丰田套路实战指南　每天20分钟科学思维模式训练创造卓越绩效

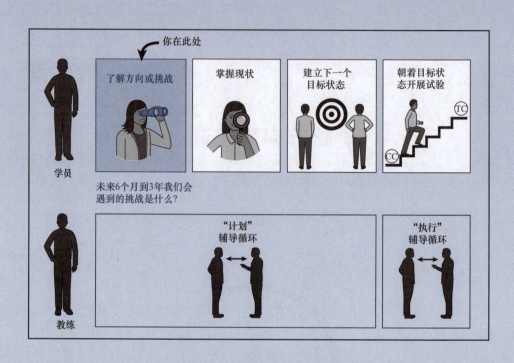

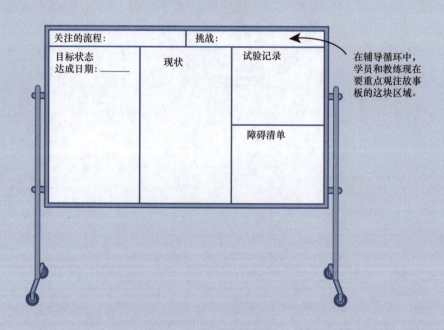

68

第 5 章　了解方向或挑战（第 1 步）

制定目标前的策略

改善套路模式始于方向感。它是用指南针而不是用地图追寻一种理想的新状态。

来源：基于比尔·科斯坦蒂诺绘制的图

改善套路模式的第 1 步是参考或连接到一个全局性的战略挑战，并以此作为后续改善套路步骤的背景，将挑战看作是你改善工作的目的。

拥有一个全局性的挑战，使人们的目标状态更富有意义。在没有目标的事情上很难保持专注，但当我们追求一个重要目标时，令人意想不到的事情往往会发生。一项艰巨的挑战结合一种有效的应对方式，其威力巨大，因为它可以将你的组织带入一个全新的领域。

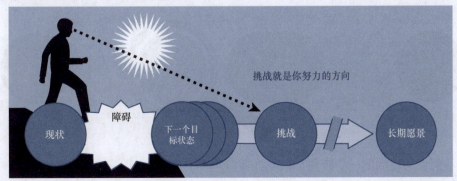

69

当人们把自己看作是一个系统的组成部分，并且为了实现一个共同的目标而协同工作时，他们就会觉得自己的努力是有意义的。他们能在工作中体验到兴趣、挑战和快乐。

——W. 爱德华·戴明
《新经济观》（1993 年，MIT 出版社）

长期的愿景：遥远的大方向

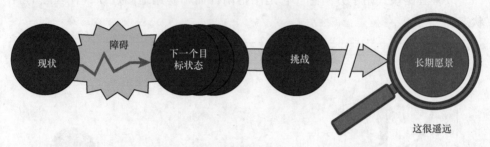

这很遥远

我们组织的方向是什么？愿景是组织的最高目标。这是一个长期的、近乎乌托邦式的理想，是你希望为客户提供的价值。这是你的梦想，有时被称为"真正的北方"。例如，一家钻头制造商的长远愿景可能是："在你想要的时候，在你想要的地方打孔"（顾客真正想要的是在某个东西上打孔，而不一定要拥有一个钻头）。就现有的技术、条件和能力而言，愿景可能是高不可攀的，但这是可以接受的。愿景离我们很遥远，只能笼统地描述，而且你可能永远到不了那里。它是你愿意毕生追求的东西。

一个令人信服的愿景可以成为一个组织的重要灯塔，但对于日常的改善工作来说，它不是一个很好的指南，因为愿景就其性质而言是模糊和遥远的。

一个战略性的挑战：更实际的、日常的指路明灯

六个月至三年

我们的组织下一步将何去何从？总体战略挑战是一个实际的目标，是为了

更好地服务客户而形成的独特而具体的价值主张。它是一幅未来六个月至三年的成功图景，描述了一种新的绩效水平或者运营模式，将使你的组织所提供的服务在行业中脱颖而出。这个挑战是：

- 清楚地描述了你想要提供的全新的客户体验，这会使你不断成长。当你尝试描述挑战时，想一下完成这个句子"如果我们能……该多好啊！"
- 一些你目前的系统和流程还无法实现的事情。
- 不是囊中取物，但也并非遥不可及。这是可以实现的，但我们现在还不知道如何实现。它不可能很快达到，需要达成一系列的目标状态才能实现。这个挑战描述的是目的地，而非如何到达目的地。
- 是可衡量的，所以你可以知道是否到达了那里。

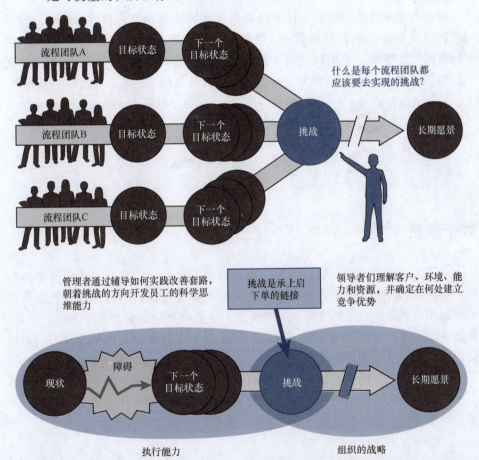

挑战的主要功能是作为一个主题，帮助将组织的战略与执行连接起来。挑战有助于协调和连接个人的改善工作，确保整个流程团队聚焦于共同的目标并相互配合。

基于这个原因,挑战通常会有一个朗朗上口的表述。例如,一家汽车服务商店设立一个为期六个月的挑战——要在客户到店5分钟内完成登记,该挑战是这样被表述的"给我五分钟⊖"。

危险:仅仅强调效率和降低成本,不是一个好的长期方向

战略应该聚焦于如何让你从竞争中脱颖而出,不能单单盯着运营效率。仅仅追求低成本不太可能成为持续竞争优势的来源。因为它会让你掉进因寻求低投入而产生劣质商品的陷阱。一味追求效率可能最终导致一个危险的、停滞不前的脆弱组织。

管理者运用改善套路的方法不仅仅是为了高效地运营,更要引领和支持战略主题的发展,让组织脱颖而出。当然,这些主题包括提高效率、降低成本,但随着时间的推移,不应仅局限于此。定义一个战略目标是指树立一种独一无二的价值主张——独特的差异,这对客户是有价值的,进而形成组织的凝聚力。

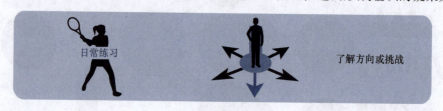

对于学员

对于学员而言,改善套路的第一步是简单易行的。学员此时的任务是理解他们的挑战,并将其记录在故事板上,同时能够说明他们的目标状态是如何与该挑战相关联的,且最终支持其战胜挑战。学员的挑战通常来自于上级。因此,在这一步中很少需要结构化的实践指南。这里最难的部分是如何定义一个总体适当的挑战,这是领导者的任务。

学员在这一步所关心的是,当他或她在努力掌握现状,建立下一个目标状态和在他们特别关注的流程中展开试验时,头脑中应该有什么更大的目标。改善套路模式的第1步是寻求一致的方向,确保你在做正确的事情。

⊖ 原文是"Give Me Five",原义是击掌,但是击掌展开的五指,也意味着5分钟内完工的挑战。——译者注

第 5 章　了解方向或挑战（第 1 步）

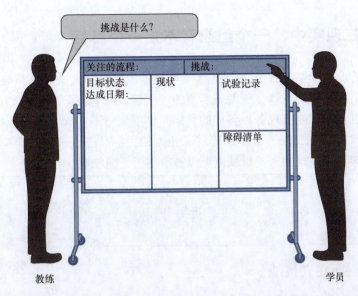

在每一个辅导循环中，在开始五个辅导套路问题之前，教练会要求学员说出关注的流程，并重申学员正在面对的挑战。在故事板的顶部写下这些信息，它将学员的目标状态与更大的目标连接起来，并构建了辅导循环对话的其余部分。

一旦在领导层定义了一个全面的挑战，它就在组织内每个层级被分成更小的目标。通过教练/学员的对话，在组织的各个层级重复。每个人都是他（她）上级的学员，反过来也是他（她）下级的教练。这就是如何应用改善套路模式去连接战略目标。在许多情况下，学员上级的目标状态就是该学员所面对的挑战。⊖

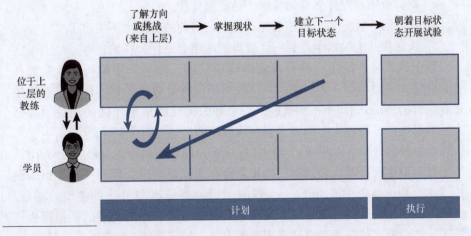

⊖ 如需了解详细完整和图文并茂地描述这个流程是如何工作的，请参照《丰田套路文化》（*Toyota Kata Culture*）（2017 年由麦格劳·希尔公司出版）。

73

当然，在现实中，一个组织有不止一个目标

学员的改善套路实践并不总是直接与总体战略目标相关联，只要它在一个大的背景下看有意义就行，这就是所谓的"了解方向"。每个组织都有多个大目标，员工也被期望能实现各种各样的目标。你不能不顾多元化业务所需的工作，将所有的改善活动服务于一个挑战或者相关的目标状态。一个目标应是培养许多精通改善套路模式的人，以便它可以被应用于任何领域。

致领导者们

在组织层面建立挑战

一项挑战通常需要六个月到三年的时间。为组织建立一个全方位的挑战最基本的方式就是把客户记在心中，并完成下面的句子：
"如果我们能……，那不是更好吗？"
下面的问题会帮助你跳出思维定式，去完成这句话。现在，不要太担心技术的制约和你目前做不了的事情。因为它可能在一开始就限制了你的思考。
1. 我们组织长远的愿景是什么？现在什么样的挑战能帮助我们朝那个方向前进？
2. 我们的客户目前有没有从我们这里获得什么价值？
3. 我们希望开发什么样的特殊产品或服务能力？
4. 我们的环境发生了哪些变化，使我们当前的竞争力不突出了？
5. 从现在开始的六个月到三年取得的成功会是什么样的？

整个挑战应该描述一种可衡量的期望状态，与组织中的每个人息息相关，并将大家团结在一起。然而，挑战并不仅仅是数字。它应该是对组织中正在进行的相关工作的一种描述。一个好的挑战能集中团队的注意力和努力，并以简洁、鼓舞人心的方式发布挑战声明。这里有个例子。

这样不是很好吗，如果我们能一次完成客户的整套橱柜并直接装上货车！

在橱柜生产厂家，装配部门的正常操作流程是先批量生产一种类型的橱柜（水槽柜、角柜、顶柜等），一段时间后再换线组装另一种类型的橱柜。完成的橱柜会被运到仓库存放，直到客户订单上所有不同类型的橱柜都生产好了，才会把这些橱柜组合从仓库里搬出来，装车发货。

公司的领导层认识到，客户只想要他们自己指定的橱柜。如果能一次组装一个客户的橱柜，而非成批生产，这将成为一个巨大的竞争优势。如果把一个厨房的橱柜组装在一起，甚至可以直接把它们装车发货。公司领导提出了下面的挑战号令，目标 18 个月内完成：

"组装好就装车，一次一个厨房"

你可以想象人们一开始对这个挑战的轻蔑反应。这与现在的做法有很大的不同，很难想出技术上如何实现，并且需要改变价值流的许多环节，例如装配、物流、木材切割、材料采购等。当时困难重重、障碍迭出。

18 个月后，整个公司经过了大量的集中、渐进式改善之后，员工们战胜了挑战，真的一次完成了一个厨房的组装。在每一个装配流程的末端都有一个滚筒传送带，将刚装好的橱柜直接送上货车，不需要在仓库里停留。当你参观这个橱柜价值流的各个流程时，那里的团队成员会热情地向你展示他们所做的增值创新，让挑战梦想成真。他们会告诉你许多克服障碍达成目标的试验历程。

伟大的挑战永无止境。它们一开始看起来不可能，或者遥不可及，但如果你和你的团队用科学的思维方式去应对它们，往往会获得积极的结果和深深的满足感。

撰写一个高大上的挑战陈述

一个好的挑战陈述是激发团队动力的重要元素。写挑战陈述的建议包括：

- 选择挑战的时间框架，在 6 个月到 3 年内。
- 你想为客户提供什么新的价值？想一些伟大的事情。
- 假设你已经战胜了挑战，描述一下你期待看到的新的挑战或者状态。
- 一定要以可衡量的方式来写"挑战宣言"，这样你才能知道自己是否达到了目标。我们应该有一个清晰的目标线。
- 挑战应该是困难的，但它确实需要最终成为可能。

在写挑战陈述的时候，有两种常见的错误。一种是过于宽泛，这样不利于确定方向。另一种是过于狭隘，太关注解决方案，无法打开全新的、未知的探索空间。举个例子：

太过宽泛	好的陈述	过于狭隘
"缩短交期"	"当天，明天"	"外包部件装配"
你不知道何时实现。	在客户订购的当天生产，第二天发货。	排除了其他解决方案。

从组织的挑战落实到价值流设计

从组织的领导者开始，未来状态的价值流图常为下一层级的改善套路实践提供了方向和挑战。未来状态的价值流图有时甚至被称为挑战图。未来状态图描述了你希望在未来6个月到3年的时间里价值流如何运作和执行，从而提供更为具体的方向感。

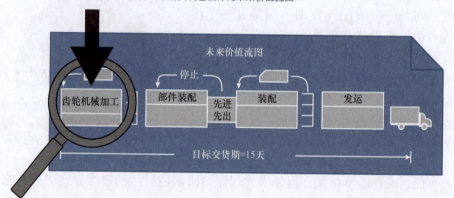

这个流程团队应该如何去帮助实现已设计的未来价值流图？

价值流是指在一个产品族或者业务单元中，产品或服务从原材料到客户手中的一系列价值流动的过程。

价值流图是一种工具，帮助分析流程现状，设计未来状态图并制定一系列行动计划。在价值流层面，现状图相当于掌握现状，未来状态图相当于建立目标状态。畅销书《学习观察：通过价值流图创造价值、消除浪费》[⊖]可以给你提供绘制价值流图的指南。

如果你的组织目前还没有一个全面的挑战怎么办？

很容易想象，一个描述得当、具有说服力的挑战能有效地激励组织成员朝一致的目标前进。然而，你们公司的高层管理人员可能还没有制定出一个

⊖ 《学习观察：通过价值流图创造价值、消除浪费》中文版已由机械工业出版社引进翻译出版——译者注

有意义的战略挑战。这种现象是相当普遍的。

如果没有,那就下降一个层级,绘制你的价值流图(现状和未来状态图),看看结果如何。没有来自领导层的建设性的方向指导,产品族层面的未来状态图能暂时起到主导作用,为你们最初的改善套路实践提供必要的方向和挑战。如果挑战完全来自于价值流层级,那么挑战陈述也应该与之相匹配。也就是说,未来状态图通常应该包含一个主题或者挑战陈述。不管这个陈述是来自高层管理团队还是来自价值流设计团队。

当然,长期而言,未来状态图不能代替组织领导层提供的战略方向。

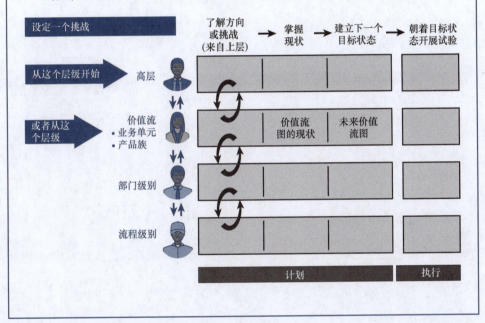

第 6 章

掌握现状（第 2 步）

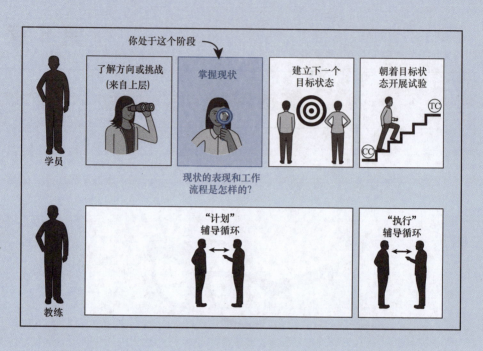

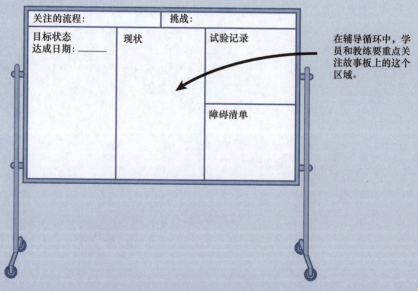

第 6 章 掌握现状（第 2 步）

我们现在身在何处？

不要先入为主地进入改善状态，也不要在不了解当前实际状况的情况下贸然行动。要建立一个合适的下一个目标状态，你应该首先很好地掌握你的起始位置。

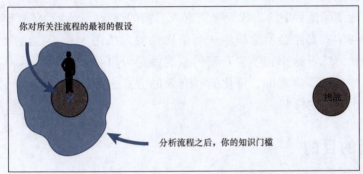

来源：基于比尔·科斯坦蒂诺绘制的图

掌握现状需要亲自观察和研究关注的流程，客观和定量地分析当前关注的流程是如何运作和执行的。本章会手把手地教你几乎适用于任何工作流程的初学者套路。为了能适应不同类型的流程，你可能要适当调整一下流程分析指南中的一些元素，但这五大基本步骤通常是不变的。

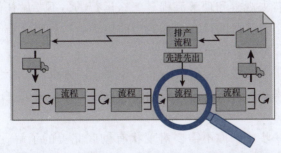

对于初学者套路而言，"流程分析"是个很好的开始。因为它被设计成在单个流程的层级上把握当前的情况。流程是一个人或者一群人通过与日常事务、物料和设备交互以完成产品的产出或完成某事所进行的一系列活动。

注意：组织的高层如何掌握现状，取决于他们所追求的特定战略目标。而在价值流层面，现状价值流图的绘制常常被用于掌握现状。

81

真相并非显而易见

在掌握现状这个环节中常犯的错误是做假设。不管我们觉得自己对所关注的流程有多透彻的了解，我们都不能依赖自己的印象和直觉去对现状做一个准确的评估。事实上，对流程越是熟悉，就越难客观地看待它。流程分析是值得花时间的，因为它将引导你做出更好的决策和进行持续不断的改善。去现场观察到底发生了什么，而不是道听途说——其他人的想法，或你自己的观点。

然而，你不能简单地告诉别人去"掌握现状"。因为每个人对于重要之事有全然不同的理解。同样道理，你也不能简单地询问流程中的人或流程负责人当前的情况。流程分析的初学者套路会给你提供一套结构性的方法用于观察和测量。练习这个初学者套路的系统做法可以帮助任何人以一致的、客观的、量化的和有效的方式去评估和理解一个流程的特点。

我们不能只凭个人印象或者打听别人的想法，而是需要亲自观察和测量。

流程分析的目的

流程分析旨在让你对关注的流程有更深入的理解，这是通过观察、访谈、探询历史数据所不能得到的。在建立下一个目标状态前，充分了解所研究流程的运行模式和其他特点是至关重要的。

注意：流程分析不是问题分析，不是关于识别问题、浪费或潜在的改善。此时，你只是试着去观察和理解流程是怎么运行的，不要做任何判断。保持不偏不倚的客观心态，其目的是对流程的当前表现和运行模式有个基本了解——这是建立下一个目标状态的先决条件。

完成整个初学者套路流程分析的五个步骤，因为仅从一个步骤里获得信息是不够的。慢下来并经历整个流程分析的过程，能让你对关注的流程有更深层的理解。

然而，在这一步中，你不需要对现状有彻底完美的了解。随着向前推进，你会学到更多。本章是关于如何掌握流程的初始状况的，你对所研究流程的掌握会随着你尝试建立下一个目标状态，并面向目标状态开展试验而持续加深。学员故事板上的"现状"区域会在每个辅导循环开始之前进行更新，以反映学员对最近流程状况的最新信息。

专注于理解流程运行的模式，而不仅仅是结果

要深入了解现状，不要仅仅测算所研究流程的结果，例如每日的产量、生产率、质量或客户满意度。流程分析套路更强调理解所关注的流程是如何运行的，从而产生这些结果。这就是为什么改善套路中的这个步骤被称为"现状"，而不是"当前结果"。你应该了解事情发生的过程，而不仅仅是结果。为什么呢？我们通常不能通过直接出击来持续地改善流程的结果，比如生产率或质量，因为它们是流程如何运行的结果。相反，你要先弄清楚产生这些结果的当前操作模式是怎样的，然后你设计一个目标操作模式（在改善套路的下一个步骤里），这样你才能期望新流程会产生你想要的结果。

评估现状时普遍存在的一个问题是主要依赖于分析历史数据，而很少或完全没有直接观察所关注的流程。运用流程分析的初学者套路，你可以最大限度地直接观察和测量实际的流程是如何运作的。你将会观察和测量流程中的人员和设备的循环周期时间。这使你能够发现那些工作中不可见的或看似随机性的事件。这些洞察是帮助你建立一个合适的下一个目标状态的有机组成部分。在许多情况下，随着你对现状的深入了解，你的下一个目标状态就会变得愈加清晰。事实上，如果你的目标状态不太清晰，往往意味着你需要进一步研究当前的状况。掌握现状是改善套路中举足轻重的一步。

如何开始？

你或许已经掌握一些分析流程的方法，现在先把它们搁置一边，集中精力开始练习流程分析的初学者套路，直到你掌握它的基本步骤为止，就像音阶一样可以轻松自如地运用。

最开始的时候，要尽可能地遵循流程分析的初学者套路，在你的流程中亦步亦趋地学习。这个时候如果改变步骤或顺序会让初学者更难学。同时，你也正在培养团队的技能。除非你组织中的人员都花时间实践并学习一种通用的、系统的方法来理解和沟通流程，否则他们很容易就会回到基于每个人的个人观点和印象而鲁莽行事的状态。

一旦你对流程分析的初学者套路达到了相当的熟练程度，你就可以：

- 改变步骤的顺序。经验丰富的实践者能根据他们遇到的或所探寻的信息，在流程分析的不同步骤间进退自如。
- 以这些步骤为基础，并将它们与你现有的方法结合起来，创建最适合你

组织的流程、产品和文化。

你第一次进行流程分析练习的最好的地方是选择重复的、短周期的流程，而不要运用到长周期的流程或工作内容差异很大的流程。因为这样更容易成功，即使它不是你特别关注的流程。

为了说明流程分析初学者套路的五个步骤，我们在本章的"实践指南"部分以一个制造流程为例。因为这类流程周期短且易于观察。但是请注意，案例中所研究的流程本身并不重要。这五个步骤是通用的，并且案例之间的差异比你想象得要小，不同的是将之应用到每个特定的流程中时可能会有困难。扪心自问：你会不会跳过流程分析初学者套路中的一个步骤，因为它不起作用，或者因为很难弄清楚如何将它应用到具体的流程中？这时你的教练可能会给你点拨一下，然后说："请再试一次。"

流程分析实践指南

❑ 对于初学者来说，应该选择一个容易理解和分析的流程。第一个目标是将流程分析的方法内化，而不是挑最重要的或者最困难的流程去改善。一旦学员对于流程分析的步骤烂熟于心，他或她就能把初学者套路应用到更富挑战的流程中。

❑ 让学员尽可能地遵循流程分析的步骤，一次一步。别让初学者跳得太快，要原汁原味地掌握这个模式。高阶学员可以根据实际情况灵活改变步骤的顺序。

❑ 然而，由于学员是按部就班地遵循流程分析的步骤顺序，他（她）将不得不根据正在学习的内容回顾或者重新测算先前步骤的内容。这是正常的。一个人不可能第一次就把每一步都做完美。

❑ 与任何其他套路一样，流程分析初学者套路的关键就是，别想太多，而是往前走，一次完成一个步骤，身体力行。这样的做法看起来似乎很难，因为你之前从来没有尝试过，但是当你做过几次后，就会发现它很简单。作为一个初学者，要尽可能地遵照指南去做。

❑ 别让学员采用平均值，因为平均值会掩藏流程的变异。

❑ 将流程分析实践分解成"块"：
- 让学员一次完成流程分析的一个步骤。

- 完成流程分析的一个步骤后,在进入下一个步骤之前,让初学者在辅导循环中总结和陈述这一步骤。
- 在辅导循环中,学员应该按照初学者套路的五个步骤依次陈述现状的信息。你应该竭尽全力记住这个思维模式,甚至这种语言。
- 每当学员陈述他们正在进行的流程分析时,让他(她)从流程分析的第一步开始陈述。学员每次展示的时候,都应该把流程分析的整个过程都复习一遍,以帮助内化该模式,直到完成所有的步骤并获得完整的画面。这是音乐练习中常用的技巧。

☐ 对于初学者,教练应该在流程分析的过程中给予指导,并在一定程度上与学员一起分析流程。这样,教练就能更好地评估和反馈学员的学习情况。

☐ 开始时,进行流程分析可能需要几天。但是随着你对流程分析方法的经验积累,你通常能在几个小时内就大功告成。设立一个持续缩短的流程分析时间目标可能会让这种实践妙趣横生。选择另一个流程,再练习一次。你能在几个小时之内完成一个完整流程的分析吗?

小贴士

办公室和服务流程的流程分析

找出工作模式!

当你想要探寻理解任何流程时,"模式"是一个很贴切的词。几乎所有人的工作都有一个重复的模式,因为这就是我们大脑的运作方式。

在办公室和服务流程中实践改善套路一开始会比较困难,因为工作内容经常变化,需要耗费很长的时间,甚至可能是不可见的。然而,即使工作内容多变,但做这些工作的人总是重复一定的方法去完成它们。这就是你要在流程分析中观察和测量的关键部分:当前人们做事的方法是什么?

观察和测量办公室和服务流程中的当前工作模式可能需要更长的时间。

但是,一旦你开始识别出这些模式,你就可以对它们进行测量、绘图和描述,基于这些分析,你就能确定下一个目标状态。

全自动流程的流程分析

关注与人相关的流程

全自动的流程仍然依赖于人所做的事情,比如:
- 设备管理(监控、备料、上料、调整等)
- 换模
- 物流(搬运物料)
- 处理问题
- 预防性维护

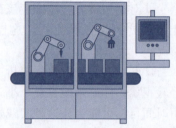

你可能会惊讶于这些围绕着人的工作流程中的变化对自动化机器性能的影响程度。你可以将包括流程分析在内的改善套路的步骤应用于任何以人为中心的流程,而不是应用于机器本身。

日常练习　　　　5步曲　　　　掌握现状

步骤1:流程结果。回顾流程的结果表现,这将让你对流程是怎样运作的和接下来的流程分析有个大致的框架。

步骤2~5:工作模式。现在深入你关注的流程去理解它的特点和运行模式,这是产生流程结果的来源。

①	**画出流程的结果表现** 一直以来流程的表现如何?
②	**计算客户需求和计划周期时间** 流程的运作频率应该是多少?

第 6 章 掌握现状（第 2 步）

③ **研究流程的运行模式**
- 画出流程步骤和顺序的框图。
- 绘制流程产出周期和操作运行图，使变异可视化。
- 记录你对目前运行模式的观察。

④ **检查设备能力**
发现设备的瓶颈了吗？是什么瓶颈？
（这一步只用于有自动化设备的流程）

⑤ **计算核心工作内容**
如果流程没有变异，则需要几位操作员？

小贴士

你需要的基本工具：

- 秒表
- 绘图纸
- 铅笔、橡皮和尺子
- 计算器
- 空白的现状/目标状态表（见附录）
- 时间记录表（见附录）

在流程观察中保持礼貌！

- 通过经理或主管进入流程。
- 把你自己介绍给流程中的工作人员，并且解释一下你在做什么；解释说明你是在观察工作，而非人。
- 不要在人们工作的时候打断他们。
- 离开前要说"谢谢您"，并且展示你所写的所有记录。

- 当你在观察流程时，别把手插在兜里，因为每个人都在工作。

一些流程分析的术语

事实：你所观察到的东西，例如：实际发生的报废。

数据：你测算的信息，例如：报废率。

结果指标：这是一个"结果"度量。根据事实进行测算，它总结了一个流程或者系统在数个周期中的总体表现。我们没法直接影响结果指标本身，因为它是很多变量共同作用的产物。例如：交货期、每小时产量、成本、人工成本、生产率、质量。

流程指标：这些指标存在于所研究流程的每个循环周期中，可以直接观察和实时测量，以评估当前流程是如何运行的。流程指标通常是影响结果指标的变量之一，而且可以直接影响。例如：每项工作循环的时间。

使用现状/目标状态表和故事板

现状/目标状态表（见附录）既是流程分析的检查表，又与故事板一起，构成了一个记录结果的地方。这个表加上其他附加的数据单，例如你的方框图和运行图，应该被张贴在故事板的"现状"一栏中。

随着经验的与日俱增，你能够修改或者更新这张表，以适应特定的环境需要。然而，和所有的初学者套路一样，一开始的练习应该遵照它的设计。

在改善套路的计划阶段，描述现状和目标状态的区域是在同一张表上。这样，就可以交叉参考现状和目标状态的特性。此时将使用表单的左侧。接下来，一旦建立了目标状态，就可以沿着下面的线把这张表剪成两个部分，每个部分被放在故事板上相应的区域中。

记住，现在要做的是确定初始的现状。在改善套路的执行阶段，学员故事板的"现状"区域将会在每次辅导循环之前进行更新，以反映最新的现状。

		现状/目标状态		结果指标	
学员：		教练：	关注的流程	流程指标	
		现状	日期	目标状态	达成日期
1.结果表现	实际产出				
	运行时间				
	是否有加班				
2.客户需求和计划的周期	客户需求				
	节拍时间				
	计划的周期时间				
3.运行模式	流程步骤和顺序				
	变异				
	对当前运行模式的观察				
4.设备能力	自动化设备是否有瓶颈				
5.核心工作	计算操作工人数				

左侧

第1步：画出流程的结果表现

一直以来流程的表现如何？

一旦选择好关注的流程，就可以通过查看该流程每个周期循环的表现数据来开始进行流程分析。这样做可以帮助你理解该流程产出了什么，其客户是谁，何时运行，以及其如何运行的。

举例来说，所聚焦流程的结果指标可能包括产量、生产率、质量、成本、等待时间、服务满意度，等等。你可以随时更改或增加结果指标。你很可能已经有了这些历史数据，那么用简单的运行图绘制出来（参考下图），并张贴在你的故事板上。

在这一步，要收集的额外信息是看看超过计划工作时间的加班有多少，如果有，就说明需要该流程贡献更多的产出。

请注意，可能很难确定历史数据的准确性。如果有可能，建立一个系统来持续测量和收集数据，因为当你在改善套路模式的第4步中开展试验的时候，您需要时刻关注结果指标。

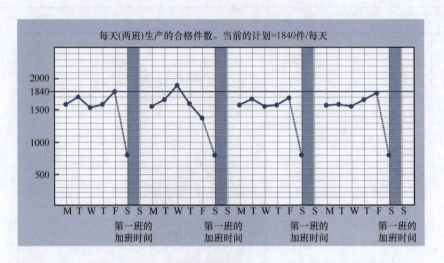

把这个图放到故事板的"现状"区域。

第2步:计算客户需求速率和计划的周期时间

关注的流程应该按什么频率运作?

在这一步,要搞清楚所研究的流程应该以什么样的频率工作。这可能会有点奇怪,为什么在分析现状的时候要计算期望的周期时间,因为这是一个重要的透镜或基准,你将在紧接着的步骤里用它来对比流程实际的表现。确定期望的周期时间,目的是帮助你理解客户需求,然后你就可以评估与客户需求相比,现状的流程处于什么水平。请注意,周期时间是一个流程指标。

简单地去问别人期望的周期时间可能充满诱惑,但不能依赖于此。相反,你应该根据你的计算来确定,首先要了解关注流程的客户需求。有了这些信息,你几乎可以为任何工作流程计算所需的周期时间。任何流程都是由客户和工作模式组成,当你把二者放到一起时,就可以得出客户期望的工作模式。

在这个步骤中,需要获得以下两个数据:①客户需求速率,用每个产出花费多少秒/分钟/小时/天等来表达,通常称为"节拍时间"。②期望的或目标的流程周期时间,通常被称为"计划周期时间"。稍后,在第3步,你将测量并绘制当前实际的周期时间图。

第6章 掌握现状（第2步）

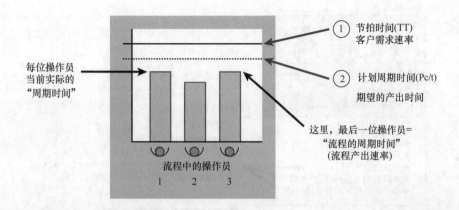

计划周期时间通常比客户的需求速率要快，这样就有时间解决像意外停机、换模和需求上下波动而产生的问题，最后依然能准时满足客户的需求。然而，这就是一种缓冲，请不要过度利用它。下面我们将解释为什么用 85% 作为计划周期时间的建议。

在流程分析的这一步需要探寻的问题包括：

- 流程生产什么产品或输出什么服务？
- 客户或者客户的流程需要我们所关注的这个流程输出的频率是多少？
- 我们希望流程多久输出一个产品？

注意1：这个时候，不用担心无法完美地描绘出客户需求，计算出准确无误的数据，尽量接近就好。随着项目的进展和学习的深入，可以回来微调这些数据。

注意2：因为客户需求随着时间而不断变化，需要定期重新计算节拍时间和计划周期时间。

1. 计算节拍时间（TT）：可用的工作时间除以客户需求数量

某流程节拍时间的计算就是该流程可用的工作时间（分子）除以这段时间里客户要求流程产出的数量（分母）。请看下面的计算例子。

注意：可用时间指的是每班或每天或每周（等）的时间减去计划的停机时间，即流程中计划好的暂停，比如中间休息。但不要减去任何非计划的停机时间或者换模时间。这样，节拍时间的计算就描绘出了真实的客户需求速率。

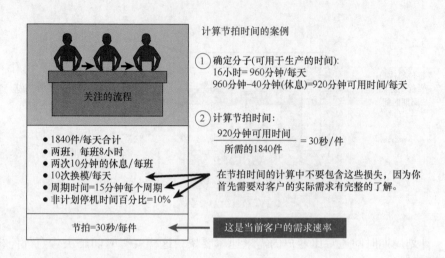

2. 计算计划周期时间（Pc/t）

这是所关注流程运行的实际速率或者周期。在接下来的流程分析中将使用这个数据。此时，你只需要一个初始数值，即你认为关注的流程每个周期所需的速率。你可以随着学习的深入，在必要的时候对其进行微调。

一旦计算好了节拍时间（客户需求的速率），就可以从可用时间里减去常规损失，譬如换模时间、非计划性停机时间、报废、返工（分子），以得到计划周期时间（Pc/t）。

需要注意的是：从计划周期时间的计算分子中减去的潜在损失越多，成本上升就越多。流程运行的速度越快，就意味着需要更多的操作员，而且很容易造成比客户实际需求更多的产出，从而导致潜在的有害缓冲。出于这个原因，这里有个有用的替代计算方法：简单地将节拍时间乘以 0.85（85%）是计算计划周期时间的好方法，这样可以得到初始计划周期时间，只比节拍时间快 15%。稍后，当你开始试验时，你将会了解更多关于流程的信息，并可以相应地调整计划周期时间（Pc/t）值。

你可以将计划周期时间看作你要努力的目标。也就是说，并非简单地以更短的周期涵盖流程的所有问题，而是通过你的试验努力将流程的周期时间不超过节拍时间的 15%。这会促使你致力于解决问题，而不是把问题隐藏起来。

第 3 步：研究流程的运行模式

这一步是流程分析初学者套路的核心

第 3 步由以下三个主要活动组成，每个活动的结果都要张贴在故事板的"现状"区域。

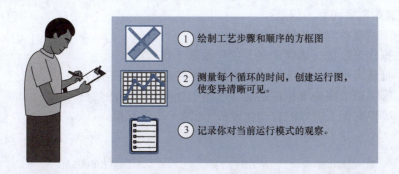

① 绘制工艺步骤和顺序的方框图

② 测量每个循环的时间，创建运行图，使变异清晰可见。

③ 记录你对当前运行模式的观察。

在你开始做上述三件事之前，首先要沿着产品或者服务的流程走一遍，以了解你关注的流程的边界。你可以参考现状的价值流图，了解流程的输入来自何处，输出到哪里。但一定要亲自走一走这些流程，从接收关注流程输出的"客户"流程开始，一直往上游走，直到为你的关注流程供货的供应商流程。你认为流程开始和结束的边界在哪里？

小贴士

在流程分析的第 3 步中，你可以也应该与他人沟通流程的细节，但不要采访或要求别人告诉你流程中存在的问题或者改善的建议。要自己亲力亲为去实践这一步，研究你关注的流程，学会自己观察和了解真实的情况。

绘制流程的步骤和顺序的框图，展现工作流程

框图是简单但非常有用的工具，它是一排方块，你可以在其中添加信息，通过形象地描述步骤和顺序来展示所研究的流程是如何工作的。
请注意：框图是流程层面的图，而不是价值流图。在办公室/服务流程中，"泳道图"可以与框图有同样的作用（许多在线资源都介绍这个工具）。

首先定义你所观察的流程的起点和终点。随着绘制框图并对流程有了更进一步的了解,你可以调整这些流程的边界。

在这个阶段,要努力了解的是当前的工作模式和流程,而非物理布局。为此,要绘制出流程中各个工作站的直线草图,不管实际的工作站和布局是什么样。每个草图都用一样大小的方块表示,每个方块就代表一个工作站、一张桌子、一套工装夹具或一台机器。不用按比例绘制或过分担忧物理布局。你现在绘制的就是工作流程。框图可以有多个分支,当然,如果你关注的流程是这样分支的。

可以在框图中添加任何你觉得有用的信息。下边的例子(一个装配流程)说明了通常需要注意的信息:

- 工站或者流程步骤的名称。
- 操作员数量(本例中是 3 位)及其工作范围。
- 批量大小(一个人完成多少件后再传递到下道工序)。
- 哪一道工序会堆积在制品(三角中注明在制品的数量)。
- 哪里有无人看守的自动化设备?(第 4 步中有用)

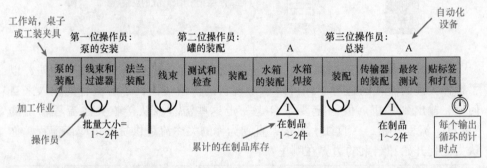

随着对流程分析其他步骤的深入了解,你可以继续在框图中添加细节信息。你的框图可能会变得很乱,但并无大碍。

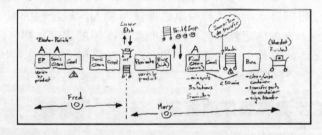

测量每个循环的周期时间并绘制运行图,使变异可见

在这个步骤里,你将绘制一个被称为"输出循环周期"的运行图作为衡量指标。这些运行图是收集、理解、交流实时信息的另一个极为有用的工具。输

第6章 掌握现状（第2步）

出循环周期运行图描述了流程随时间变化的过程，为理解当前流程的操作模式提供了诸多线索。了解流程中的变异极为重要，因为它可以影响流程中许多其他方面。下面是运行图的例子。

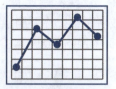

你应该始终尝试为所关注的流程绘制输出循环运行

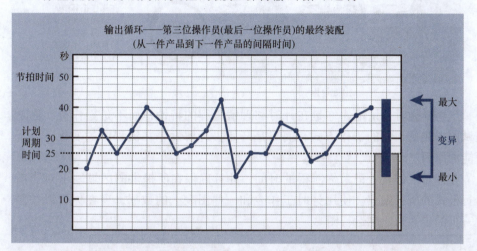

图，即使在长周期或者定制化流程的情况下，这么做既困难又耗时。绘制这样的运行图可以促使你更细致地观察、研究流程的细节，引导你更深刻地理解流程，而非走马观花地看看。你将得到很多这方面的练习，因为在改善套路的执行阶段，每个辅导循环开始前你都需要重新计时和绘制运行图，以记录最新的当前状态（现状）。

如何制作运行图

首先，要为流程中的每个操作员记录"输出循环"的周期时间。一个输出循环是产品或服务的两个完整单件之间的实际间隔时间，也就是流程中操作员的操作时间。重要的不是多长时间，而是频率。我们关注的不是操作员的工作内容，而是从一个单件产出到另一个单件产出花费的时间。

流程中最后一位操作员（最靠近输出端的位置）的输出循环周期时间通常作为整个流程输出变异的衡量指标。如果测量的是最后一个操作员的输出循环时间，也就是代表整个流程输出的表现，请在计时工作表的框上勾选一下（见下图）。顺着流程往上游继续测量每位操作员的输出循环周期时间，将得到流程内部变异产生的全貌。

在这个流程中，每位操作员的时间为20~30个输出循环周期时间。为此，请在操作员的工作模式中选择一个参考点，当操作员到达该点时启动秒表。现

95

在,让秒表持续计时,直到操作员返回到循环中的参考点,无论发生什么中断或者延误。你要测量整个循环的时间,所以要让秒表一直计时,不管发生什么都不要跳过或放弃任何一个周期,因为它们都是真实的数据。

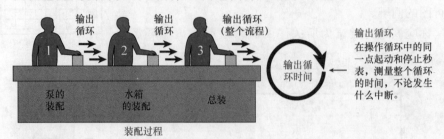

装配过程

当这样做时,请记住你是在计时和理解流程的特性,而不是操作员。你不是试图去改变人们的工作方式,而只是开始去理解发生在流程中的变化,以及可能的原因。

在计时工作表上记录你测得的时间,并且确保在所提供的区域写下对当前运行模式的所有观察。使用计时工作表和一些图表上的数据,现在你可以按照下一页的步骤来绘制运行图。

计时工作表		流程:装配	指标:输出循环时间	
		日期:2017年5月16日	第三位操作员——总装 ☒	如果这是整个流程的输出,请勾选
循环	观察到的时间(数据)	对当前运行模式的观察(事实)		
1	20秒			
2	30秒			
3	25秒			
4	33秒			
5	40秒	夹具卡住了		
6	35秒	在盒子内有错误的零件		
7	25秒			
8	27秒			
9	33秒			
10	43秒	操作员搬动成品		
11	18秒			
12	25秒			
13	25秒			
14	35秒	零件在供应滑槽内夹住了		
15	33秒	等第二位操作员		
16	23秒			
17	25秒			
18	33秒			
19	28秒	帮助第二位操作员		
20	40秒	操作员自己添加材料		
21				
22				
23				
24				
25				

第6章 掌握现状(第2步)

按部就班地绘制运行图

第1步：画出目标时间

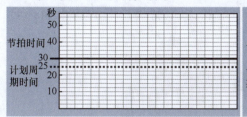

1）如果你已经有了流程的节拍时间和计划周期时间，就在图上标出它们的水平线。

否则，就简单地画上一条你期望的完成一个周期所需的时间线。未来你还可以根据需要调整这个数字。

第2步：添加数据点

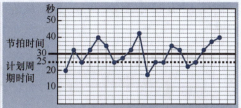

2）绘制并连接数据点

注意：● 不要采用任何平均数，因为它们会掩盖变异。

● 包括所有数据点，即便是异常值。努力表述出真实情况。

第3步：找出最短的可重复时间

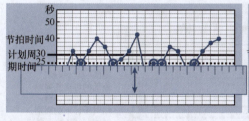

3）将尺子从图表底部开始上移，直到数据点开始重复。这就是"最短的可重复时间"。在这个例子中，最短的可重复时间是25秒。

第4步和第5步：汇总变异的值

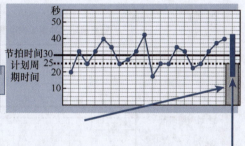

4）画一个宽的柱子（"蜡烛"）以表示最低的可重复时间。

画一个细的柱子（"灯芯"）以表示变化的范围（从最高点到最低点）。

　　波动的范围=18~43秒。

5）计算与计划周期时间相关的正负变异。

① 正变异：

（最高点-计划周期时间）/计划周期时间（43-25秒）/25秒（%）

这里的正变异是=72%

② 负变异：

（最低点-计划周期时间）/计划周期时间（18-25秒）/25秒（%）

这里的负变异=28%

关于此案例的解析（第三位操作员的最终装配）：

最低的可重复时间大约为25秒。相对于计划的周期时间，有72%的正变异和28%的负变异。

注：这里所使用的"蜡烛"和"灯芯"术语源自布兰登·布朗（Brandon Brown）和比尔·克劳斯（Bill Kraus）。

你可以为几乎任何一个流程绘制这种运行图。它可能是关于客户的问题，也可能是你的求职问题，还可能是关于碳排放等全球性问题。下面是我们案例流程中另外两位操作员在当前状态（现状）下的输出循环运行图。

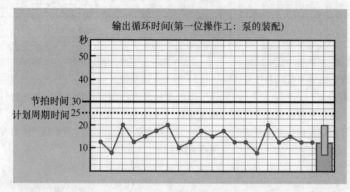

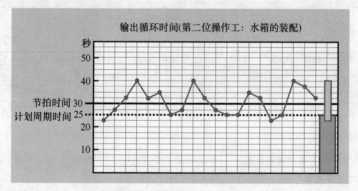

现在，你可以把流程中存在的所有变异的柱子（"蜡烛"和"灯芯"）合并到一个变异汇总图里，做一张流程变异的总图，如下图。

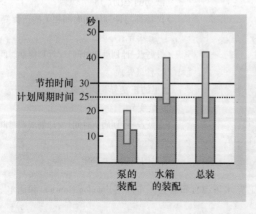

单个运行图和变异汇总图都放在你的故事板的"现状"区域里。定期制作运行图是流程分析中最有用的实践之一。基于它们,你能够可视化地用数据描述流程现状中的几个关键方面,并且在改善套路的下一个步骤里,可以为所关注流程的这些方面建立一个目标状态。

记录关于当前运行模式的观察要点

你注意到了什么?

当你站在流程旁测量并记录下 20~30 次的流程输出循环时间,将看到与当前运行模式有关的方方面面。你注意到什么了?在获得输出循环时间数据的同时,要在计时工作表的"观察"列中记下观察注释,接着在现状/目标状态表的空白处汇总观察要点。简单地描述所观察到的事实,不要做任何判断,记下你的观察要点,如本章末尾的现状/目标状态表格所示。在我们的案例中,这些观察包括:

- 操作员自己取拿零件。
- 在两个自动化工作站之前会堆积在制品库存(WIP)。
- 最后一位操作员不得不定期把成品箱子搬走。

这里棘手的是调整你的思维,让你看到运行模式,而不是问题。我们的大脑会很快找出需要解决的问题,甚至给出解决方案,但这样做还为时过早,因为你还没有设定目标状态!你所罗列的观察要点应该只是描述当前流程如何运作的一些附加特征。

要会用这样看问题需要练习。一旦掌握了这个技能,你就会以不同的视角来看待流程——认识到模式是无处不在的——你将远离过快的判断和漫无目的的改进。

> ## 更深入的研究
>
> 绘制运行图是流程分析初学者套路的核心和标准步骤,可以帮助你透过现象看本质,你应该经常练习使用它。但是,运行图也提出了新的问题。为什么有些周期长,有些周期短?为什么会有特定的模式?
>
> 在流程分析的这个节点上——在你完成运行图之后——你就可以"脱离

套路",并使用你认为可能有助于进一步了解流程如何运行的任何其他分析工具。例如,流程图、意大利面条图、直方图、检查表、散点图、帕累托图、控制图、工作平衡图("山积"图)和每日时间日志。例如,你可以按产品、设备、操作员、材料、班次、星期几、时间等进行数据收集和分解(分层)。

你做的任何其他分析都应该添加到故事板的"现状"栏内。

高阶初学者:你甚至可以做一些试验

另外一种进一步学习了解流程的方法是进行"探索性试验"。暂时引入一个小的变化到流程中,观察流程如何反应,出现了什么障碍。这种试验能告诉你许多东西。

第4步:检查设备性能

这一步只用于有自动化设备的流程

这一步的重点是确保关注流程中的所有自动化设备都能够以足够快的速度来满足计划周期时间,它还有效地检查了流程的当前设计产能。

此项检查仅适用于自动化设备,即能够在无人看守的情况下完成整个循环的设备,例如医院实验室里的设备,机械加工设备等。许多流程没有任何自动化设备。另外,不要担心需要操作人员操作的设备,如手动工具、手动焊接、超声波扫描仪等。他们的时间已经在流程分析的第3步流程输出循环时间中记录下来。

首先在框图上用字母"A"来标识自动化设备。然后绘制这些机器的性能图,如下图所示。

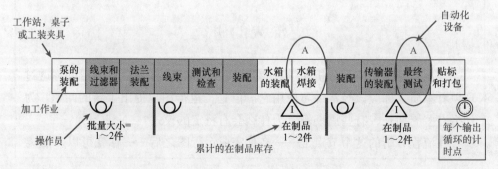

按部就班地绘制设备产能图

第1步：画出目标时间

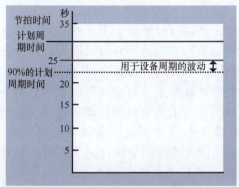

1）画出节拍时间（如果已经计算出来）、计划周期时间和一条表示90%的计划周期时间的线。

如果你希望流程始终满足计划周期时间，则90%线是自动化设备的最长周期时间。

第2步：列出自动化设备

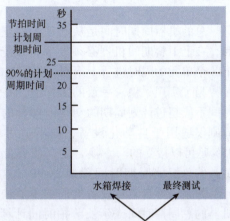

2）列出流程中的自动化设备（无须看管的设备）。

第3步：增加机器时间

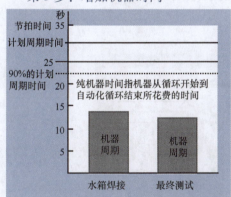

3）绘制纯机器时间，即加工一个零件从开机到停的时间。

通常你只需要测量几个循环就可以得到这个数据，因为机器的周期时间相当稳定。

第4步：增加上下料时间

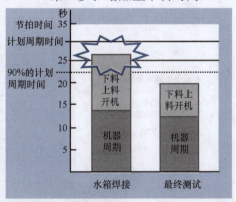

4）在机器时间中应增加上下料时间。如果机器在上下料的时候必须等待，那么等待时间即为机器的上下料时间。

纯机器时间+上下料时间=总的机器周期时间

解析该案例：
- 当前的水箱焊接时间太长，难以达成25秒的计划周期时间。
- 整个机器周期时间中的一半是用于上下料。

解析机器产能图

总的机器周期时间是从起动到停止的自动运行时间加上上下料等时间的总和，在上下料期间机器必须要等待才能开始运行。但是，如果机器可以在加工下一个单元的同时进行上下料，则可忽略上下料时间。因为它们并行发生。

为了实现平稳、一致的工作流，基本指导原则是任何自动化机器的总周期时间不应超过计划周期的90%。额外的10%是为了适应机器周期的波动。这个原则仅适用于自动化设备，而不适用于操作人员（在完全自动化的流程中，95%是可以接受的。）换言之，使有自动化设备流程的最快计划周期时间是其最长的总机器周期时间除以0.90。这是对流程当前产能的估计。

如果一件自动化设备的周期不够快，不能满足计划周期时间，则需要缩短机器的总周期时间或延长节拍时间计算中的可用工作时间。这将延长流程的计划周期时间。

在上一页显示的例子中，当前的水箱焊接机周期时间太长，无法支持25秒的计划周期时间。然而，有趣的是，总机器周期时间的一半由上下料时间组成。展望未来，下面列出了应对这种产能瓶颈的三种选择。

选项包括：

- 减少机器周期时间
- 减少上下料时间
- 加长可用的工作时间，这样能增加计划周期时间。

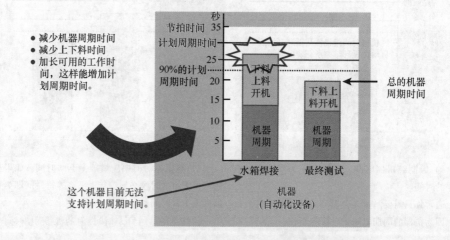

第 5 步：计算核心工作内容

如果流程没有变化，多少位操作员就够用了？

这一步的目的是帮助你了解必须完成的核心工作活动，以便满足客户的需求。当我们观察一个流程时，许多事情会吸引我们的眼球。这使得我们很难看清和理解其本质。

帮助理解核心工作的一种方法是在流程没有变化的情况下，计算操作员在理论上的数量。这与减少操作员的数量无关。因为计算出来的操作员数量仅适用于流程中的变异范围极小的情况。

分两步计算人数

第 1 步：首先需要估算在当前状况下完成一个单元的产品或服务所需的全部工作内容。通过将流程中每个操作员的输出循环运行图中的最短可重复时间（"蜡烛"）相加，就可以得到这个结果。

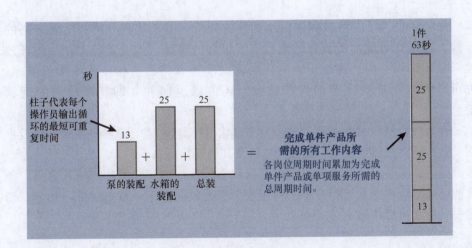

第 2 步：将第 1 步中的最短可重复时间总和除以计划周期时间，所得结果就是当流程不存在任何问题时所需要的操作员数量。

在进行此计算时，如果在你的观察中几乎所有操作员都有等待时间，那么从最短可重复时间总和中减去这个几乎每个循环都出现的一定的等待时间，因为这不是加工产品或提供服务所必需的时间。

将得出的操作员的数量添加到现状/目标状态表中，代表所研究流程的核心工作内容。

下面是个计算例子：

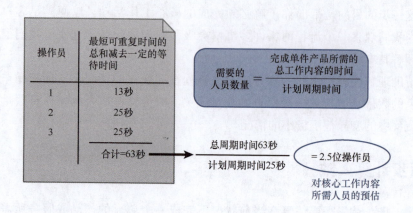

总结你对于现状的初步分析

你已经投入了一些时间进行系统性的分析。基于流程分析初学者套路的步骤，你现在可能对所研究的流程有了很好的理解，但通常还存在一些开放性问题和知识空白，这是正常的。随着在改善套路的后续步骤中学到更多，你可以随时添加更完整的现状信息，还可以返回并立即获取缺失的现状信息。

在故事板的"现状"栏目中，发布现状/目标状态表（请参见图示）以及框图、运行图、机器产能图，数据计算以及其他现状信息。

然后，准备将注意力转向建立目标状态。在仔细研究关注的流程之后，您可能已经对应该怎么运行有了一些想法。您可以通过下一章继续练习初学者套路——建立目标状态。

第6章 掌握现状（第2步）

		现状/目标状态		结果指标：每日产量___件/天
学员：弗兰克·哈特福德　教练：玛丽·史密斯　关注的流程：装配				流程指标：输出循环周期
过程分析步骤		现状：	日期 2017年5月16-17日	目标状态：达成日期
1.结果表现	实际产出	1520～1900件/天(参见图示)		
	运行时间	两班		
	是否有加班	周六有加班，参见图示		
2.客户需求 和计划周期	要求	1840件/天		
	节拍时间	30秒		
	计划的周期时间	25秒(节拍时间的85%)		
3.运行模式	流程步骤和顺序	参见框图 3个操作工		
	变异	• 参见运行图，产出波动 =+72%/-28% • 最短可重复时间可以接受，但是第2和第3个操作工的波动太大		
	对当前运行 模式的观察	• 操作工自己拿取物料 • 自动化设备前有在制品堆积 • 最后一个操作工搬走成品		
4.设备能力	自动化设备 是否有瓶颈	罐体的焊接周期太长，为27秒，应小于等于22.5秒		
5.核心工作	计算操作工人数	63秒/2.5个操作工		

你的流程分析信息要放到故事板的这个地方

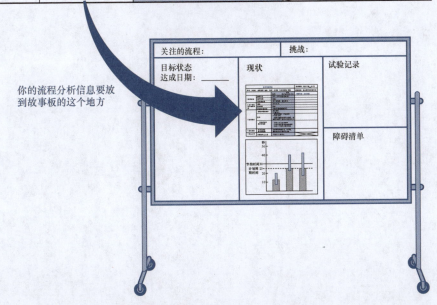

计划阶段

第 7 章

建立下一个目标状态（第 3 步）

丰田套路实战指南　每天20分钟科学思维模式训练创造卓越绩效

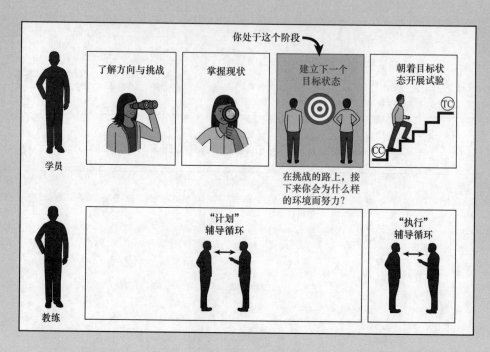

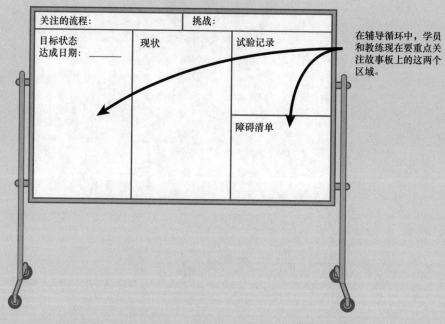

第7章 建立下一个目标状态（第3步）

下一步我们想去哪里？

至此，你已经明确了挑战的方向，并分析了所关注流程的当前状态。现在，要明确你希望你所关注的这个流程在不远的将来会如何运作，为此你要在通往挑战的方向上建立一个目标状态。

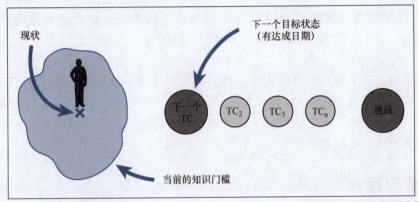

目标状态的间距不是按比例的。

根据Bill Costantino的图片改编

目标状态是对通向远方的挑战之路上的一个目标点的一种具体表述，它从细节上描述了你下一步将要通往何处，但并非如何到达该处。如何到达是改善套路的第4步——试验，会告诉你的答案。

享受不断揭开事实真相的过程

在通往挑战的道路上会有一系列的目标状态。对你来说，不同的做法是，你每次只需要定义一个目标状态，而非试图提前把所有目标状态都铺设在道路上。你现在只需要聚焦于下一个目标状态，等你实现了这个目标状态，你就会得到更好的、更真实的数据，再来设定下一个目标状态。

这有点像打高尔夫，要经过几次挥杆才能到达远处的果岭。你可能心中已经规划好了如何打到果岭的路线，但是在实际打球过程中，真正到达那里

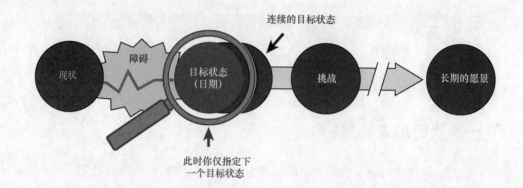

的路径并非尽在掌控。挥第一杆的时候,你的目标状态是你想要球先落在何处。基于球抛出的方式和最后球的实际落点,你再确定以果岭为大方向的下一个目标状态。同样道理,在改善套路的实践中,当你到达设定期限内的目标状态后,你就要马上反思你所学到的,接着去建立下一个目标状态。

以这种方式工作,你可以从已经得到的事实中学习和调整,而不是假装自己知道面前尚未开启的领域。当然,你可以制定一个计划,但是这个计划是一个假设,一个预测,不应该盲目全盘地追随。改善套路为流程改进的路径和计划提供了可靠的导航和纠偏。

不要太遥远

一个目标状态应该总要有一个明确的实现日期,通常为一周到三个月。长于该时间常常无效,应该分解成较小的目标状态。目标状态的美妙之处在于它是可达到的,不会偏离你目前的知识门槛很远,并且符合挑战的方向。这个可控的范围有助于激发和聚焦你和团队的创新能力。一旦你和团队达到了前几个目标状态,更远的那个挑战就不会显得那么艰难,甚至是令人鼓舞的、笃定可行的。

下面是挑战和目标状态的简单比较:

挑战	目标状态
比学员目前的水平要高不少 需要 6 个月到 3 年才可能实现	由学员不断通过和教练的反复沟通来建立 实现周期为 1 周到 3 个月 在实现挑战前会建立一系列的目标状态

积极向上的心态是发挥团队同心力、创造力和凝聚力的重要元素

一旦你体验过目标状态的引领作用,你可能会发现如果没有目标状态很难工作。目标状态是一种朝着某种目标不断前进的心态,而不仅仅是对问题做出反应。你正在积极努力地达到你想要的一个状态,无论它是大还是小,而不是试图摆脱你不喜欢的东西。

目标状态让目标成为焦点,而不是比谁最有说服力。目标状态就像一系列的约束条件,可以帮助你更科学地工作,这就像科学家在开始他的试验前要定义好他的研究课题一样。如果没有目标状态,团队可能会进行随机改善,各种救火,或被各种意见左右,从而使团队有多个方向,浪费很多的时间和精力。

目标状态可以帮助你找到真正需要做的工作,而不用费神思索你现在能做的事情,从而能够朝着最终的目标更有效地努力前进。在定义一个目标状态并努力去实现这个目标状态的过程中,你会准确地发现到底是什么阻止了你到达那里,而这些障碍就是你要努力攻克的。你可能听说过障碍为你指明方向的说法。请只做能通往你目标状态的事情,而不是做你能做的所有事情。

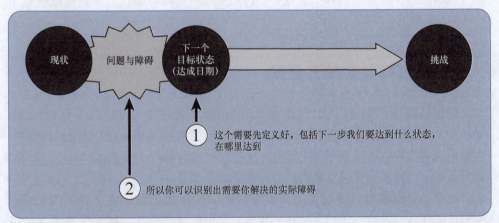

在改善套路的这一步中,一旦确定了下一个目标状态,你就要开始识别出通往目标状态的障碍,并将其记录在故事板上。开始建立"障碍清单"是很重要的一步,因为这些障碍是你将在下一步的改善套路中要去展开试验的。

科学的思考普遍试用于任何问题的解决

问题解决者有时会把努力按照标准操作（"维持"）和努力提高标准（"改善"）区分开来。有趣的是，改善套路的尝试思维是这两种模式的基石，这也是几乎所有问题解决的基本途径。在这两种情况下，你希望发生的事情与实际发生的事情之间都存在差距。在这两种情况下，都有一个理想的情况（目标状态），即你目前都不知道将如何达到这个目标状态，但你会通过不断试验去实现它。

一个好的目标状态的三要素

理想情况下，目标状态应该包含明确的实现日期（When）、目标结果（What）对你预测会产生该结果的操作模式的具体描述（How）（描述到目前你理解的预期的程度，不要弄虚作假）。这些何时（When），什么（What），以及如何（How）将成为你关注流程的目标状态的三要素。

注意：它被称为目标状态，而不是目标。目标状态既描述了预期的结果，也描述了你认为会产生该结果的运行模式。单纯的成果指标，如"废品率5%"，只是一个目标，还不是目标状态。结果通常不能通过直接攻击来改变，因为它们是所关注流程的运行模式的结果。你还应该开始定义你认为会导致5%废品率的过程操作模式，例如机器如何维护，每个工艺步骤应该如何进行，等等。这

第 7 章 建立下一个目标状态（第 3 步）

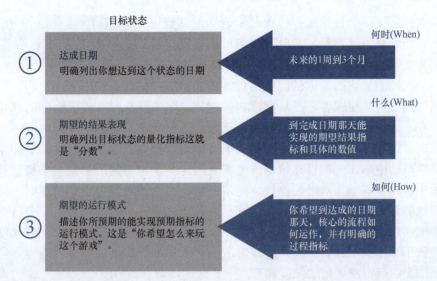

些因素是可以直接改变的，因此你可以马上采取行动。关注流程的运行模式和特点是你实现理想成果绩效的"施工现场"。

现在举个例子。假设你的体重是 180 磅，并有一个必须在 6 个月内降到 160 磅的挑战。目前，你吃的主要是加工食品，每天消耗大约 2800 卡路里，且很少做运动。为了迎接挑战的第一个 30 天目标状态，你可以设定一个每天消耗 2500 卡路里热量的目标结果，并且每天进行一些适度的运动。这很好，但这些结果将是做某些事的结果。目标状态还需要描述你想要的饮食和运动模式，从而保证你会产生这些结果。例如，你可以执行饮用含有香味的苏打水而不是含糖饮料的操作模式，还有每顿晚餐中有一份带橄榄油的蒸蔬菜，以及每天步行 30 分钟。现在把所有这些要素结合在一起，你就有了一个很好的目标状态！

当然，要达到理想的运营模式会有一些障碍，因为它意味着改变。这些障碍正是你在下一章将要尝试去克服的。

在你定义一个目标运行模式时，请尽量试着去深入，而不要追求广度。此时，要尽可能详细了解所关注流程的运行模式。例如，在一家服务型公司，

> **希望的运行模式**
> 描述你所希望的能产出理想结果的运行模式。制定"你想要的游戏规则"。

运行模式可能描述的是你的团队所设计的一种客户体验。在一家面包房，它可以具体到如何欢迎顾客，产品应该如何摆放，服务员给顾客提供服务的具体步骤。在一条生产流水线，它可以描述理想的工序安排和每道工序的时间，工序间在制品缓冲区的位置和大小，如何进行质量检查等。一个篮球运动员如果要达到罚球命中率80%的目标结果，他需要制定一个理想的运动模式来描述罚球过程中身体、双手和双眼的位置。高尔夫球手在练习以某种方式击球时，可能会对她的姿势、杆面角度和杆头轨迹具有期望的模式。教师可能有一个所有学生都能通过标准化考试的目标，以及一个理想的操作模式，例如25%的课堂时间应该用于小组实践。在所有这些例子中，你将一个结果目标与预期的能实现这个结果的运行模式相结合起来了。

假装你可以到那儿了

目标状态把一个状态描述成好像它已经是一件完成的事情，而不是作为动作。做到这一点的一个有用的技巧是，把目标状态描述得好像你已经在那里了；仿佛那种状态已经到位了。假设你已经在时间上到达了实现日期，并正在看所关注的流程。目标状态是对你所看到的情况的描述。

为了帮助你做到这一点，一个经验法则是，在目标状态下不应该有动词，（如最小化、减少、改善和增加）。这迫使你简单描述当你到达那里时你想要的条件。例如，"38秒的最大循环时间"是目标状态（目的地）的正确思维，而"减少循环时间变化"则不是。尝试描述你希望发生的事情，而不是什么是错的或你不希望发生的事情。

别假装-你无法改变目标状态，但是你可以增加目标状态

这一步更多的是一种平衡，因为你在描述它时并不知道你将如何到达目标位置，这需要通过实践使之变得更明确。但是，不要试图详细说明你还不明白的东西，不要越过你的知识门槛。如果你发现自己在努力臆测你要的运行模式的细节时，请停下来。此时，你有两个选择：

- 回去研究你所关注的流程，以获得更多你需要的细节（更高阶的学员甚至可以尝试试验）。
- 在目标状态栏里留部分运行模式细节的描述，以后等你从改善套路的下

个步骤里的试验中学到更多，就能增添更多的信息。

换句话说，当你进入改善套路的下一步时，如果目标状态的"期望的运行模式"部分仍然不完整，不用担心，这种情况常常发生。随着你在改善套路的执行阶段进行试验，并且对现实的了解有所增加时，你可以随时补充，而不是现在进行臆测。

这就提出了关于目标状态的一个关键点：当学员和教练同意了一个目标状态，你仍然可以在学习流程中增加更多细节，但是你不能改变目标状态或实现目标的日期。应用此约束是为了使我们①花时间去了解当前的状况；②在设定下一个目标状态时要慎重考虑；③在努力解决障碍方面持续而富有创造性，而不是在遇到困难的时候降低目标状态的难度。

有时你无法按期达到目标状态，这很正常。你仍然会学到一些对下一个目标状态有用的东西。这意味着你所做的预测没有得到证实，如果你改变了目标状态或完成日期，你会失去这些知识。

由此得出的推论是，关注流程的第一个目标状态可能不是你的最佳目标状态，因为你仍然在学习更多关于现状的知识。这就是为什么第一个目标状态的实现日期通常应该只有一到两周的原因之一。根据你所学的知识越早做调整就越好。

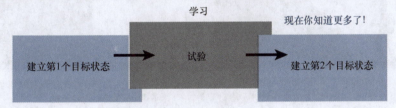

同样重要的是：什么不属于目标状态？

在建立目标状态时常见的错误是包含解决方案，或将解决方案视为目标状态。这是目标状态，而不是目标解决方案。目标状态不包括你计划采取的措施。

新手学员在这个阶段通常会对解决方案有一些强烈的想法，但这些实际上是潜在的对策⊖。将自己局限于解决方案还为时过早，这样做会限制你的思维。目标状态只描述你关注的流程的未来的运行模式，而不是计划的行动方案。首先，说明你希望关注的流程在达成日期前是如何运行的，之后，可以根据需要，通过试验制定和发现对策。

如果学员过早地关注解决方法，请让学员解释这些解决方案预期到底会有什么效果，这样就会更加接近真正的目标状态，从而为你还没有想到的解决方

⊖ 学会不这样做是要靠实践的。

一味关注解决方案是不对的

预期的结果表现
在每个病房里有一块可视板

此处学员已经有答案了,因此这里并没有试验、发现、学习的过程。明晰的目标已经在学员的知识界限里了。

 关注于一个目标状态

预期的结果表现
在每个病房里的信息
是完整的和精确的

此处学员并不知道他/她如何实现目标。它处于当前的知识门槛以外,并且需要涉及试验和发现的过程。

案留下了空间。

下图阐述了目标状态和解决方案之间的不同。

一个在未来的某天你想要到达的地方。定义这个是改善套路里很关键的一步。

这些是你想要达到目标状态所必需的步骤、技术和应对措施。

在确定目标状态的过程中,你正面临着知识的门槛,并设定了超越它的目标。一个你已经知道如何达到的目标,一个几乎不需要试验和学习就能达到的目标状态,并不是真正的目标状态,而更多的是对现有能力和知识的重新调整。在这种情况下,你可能还是在原地踏步,而没有提高。

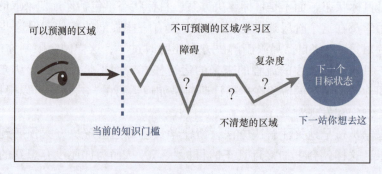

目标状态更多的是"和"而不是"或"

确定目标状态不是选择已知的现有选项，而是要创建新的选项。例如，"你愿意在这个流程中进行100%的检查和有三个操作员，或是把这个流程改成抽样检查，只有两个操作员？"，这不是目标状态的思考。目标状态的思考应该是"我们希望百分之百检查和在这个流程中只有两个操作员。"请注意：目标状态的思考与"和"字的关联性比与"或"字的关联性更大，以及更多思考如何超越你目前的知识界限。

当然，一旦你说："在这个流程中我们希望百分之百进行检查，但只有两个操作员"，有人可能会横眉冷对，并表示理解地说："那么你为什么不告诉我这将怎么实现呢？"这时只有一个答案，你应答道：

"我不知道，如果我们已经找到答案，那么谁都能做了。但我们知道的是如何按改善套路来工作，以实现这个目标状态。"

你可以更进一步列出大家觉得它不可行的理由，其实这些就是路上的障碍。

由于许多职场人都接受过使用投资回报计算进行决策的培训，因此我们应该清楚，目标状态不是最高回报或最低风险的选项。我们不要使用投资回报率或成本效益计算来确定一个目标状态。首先确定你想要的或者需要去的一个地方，这是一个战略问题。当然，目标状态应该在预算和其他约束条件下实现，但是要达到目标状态可能会需要反复试验、失败、创新和机智。当你到达那里时，你关注的流程和你的公司将达到一个新的水平。把世界视为只有已知的二元选择（称为"虚假困境"或"黑白思维"）是一种静态思维，因为它没有考虑到那些我们仍然不知道的选项，那是需要我们去付出努力的地方。

请记住，目标状态并非你立即想要达到的目标，你也不需要事先知道你将如何达到这个目标。这是一系列试验的结果，而且你还有很多知识界限，你还不知道如何实现它。

作为一个教练，你应该明白，对初学者而言，展望并描述一种新的、不寻常的未来状态是颇有难度的。"如果我根本不知道我们如何到达哪里，那我怎么能描述出来呢？"思考一个目标状态必须要求学员走出目前的确定性区域，并摆脱固有的操作方法。定义结果度量标准，并建议通过适当调整目前一些操作方法来实现目标的解决方案。教练不要指望学员第一次就把它做好，并且准备好跟随下面几页中描述的方法，与学员一起来反复修正吧。

第1步：审视你的挑战

在你开始为关注的流程建立下一个目标状态前，要确保你充分理解你的特定挑战，从改善套路的第一步就开始。理想情况下，你的目标状态是在挑战的大框架里定义的，尽管也有一些例外。当然，可能还会有其他要实现的目标。

挑战要写在你的故事板的顶部。记住，很多时候，当一个目标状态高于你目前的水平一大截的时候，就可以是你的挑战。

另一个可能的挑战是，对价值流的未来状态的设计，尤其是你关注的流程要如何运行的具体设计。

第2步：确定达成日期（何时）

这一步通常由教练主导。教练会考虑到学员当前改善套路的技能学习水平，控制好下一个目标状态对于学员来讲是多大的延伸挑战，通过①提出的截止日

期的长度；②对于学员提出的目标状态给予细节上的反馈。一个好的目标状态会带着学员刚好越过他/她目前的技能水平，引导他/她进入学习模式。

建立目标状态时普遍会犯的错误是建的太遥远，从而让范围变得太大。对于初学者而言，越短的实现日期越有利于学习，因为学员能尽快地做出调整，并能在改善套路的 4 个步骤里做更多的循环。两周的时间足够让学员去了解，并对关注的流程的多个层面做出一些重大改善，且又可以让学员认识到他/她不需要在短时间内解决一个非常复杂的问题。下面的图表是一个一般的指南，肯定有些例外的情况。请确保给实现日期设立一个明确的日期，不要只是写"两周内"。

学员的技能等级	达成日期
完全新手或刚开始的人员	≤2 周
熟练的人员	≤1 个月

为了增加学员的自我效能感，一定要确保目标状态对于学员而言是有挑战的，但也要时不时让学员体验到成就感。正如在第 1 部分所提示的，如果目标状态太容易，意味着学员已经知道该怎么做了，那么当学员到达那里的时候就不会真正地增加自我效能感。但如果目标状态太难，那么学员可能又会想："我觉得我肯定做不到。"接着个人的**自我效能感**可能还会降低，而挫败感倍增。

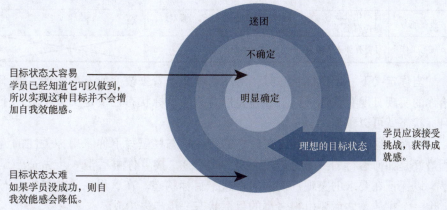

一个好的目标状态是会让学员感到有难度的，甚至会让学员有点害怕，但是教练会通过反馈提供持续的支持，帮助学员实现目标。定期从学员那里听到一个好的反馈应该是："哇，我真没想到我能做到这个。"

看现状/目标状态表，现在只看右侧

这一步开始使用现状/目标状态（CC/TC）表。现状栏和目标状态栏依然还在同一个表中，所以你可以对照查阅你建的目标状态和现状的特性。

现状/目标状态			结果指标：每日产量___件/天	
学员：弗兰克·哈特福德 教练：玛丽·史密斯 关注的流程：装配			流程指标：输出循环周期	
过程分析步骤		现状：	日期 2017年5月16-17日	目标状态： 达成日期 6月7日（2周）
1.结果表现	实际产出	1520~1900件/天(参见图示)		
	运行时间	两班		
	是否有加班	周六有加班，参见图示		
2.客户需求和计划周期	要求	1840件/天		
	节拍时间	30秒		
	计划周期时间	25秒(节拍时间的85%)		
3.运行模式	流程步骤和顺序	参见框图 3个操作工		右侧
	变异	·参见运行图，产出波动 =+72%/ −28% ·最短可重复时间可以接受，但是第2和第3个操作工的波动太大		
	对当前运行模式的观察	·操作工自己拿取物料 ·自动化设备前有在制品堆积 ·最后一个操作工搬走成品		
4.设备能力	自动化设备 是否有瓶颈	罐体的焊接周期太长，为27秒，应小于等于22.5秒		
5.核心工作	计算操作工人数	63秒/2.5个操作工		

当你定义下一个目标状态时，请注意不要想着去改变所有的东西。基于给你的实现日期有多远，你只要在表格右侧的目标状态栏里定义一个或两个目标状态就可以了。

然而，通常的做法是首先在表格的目标状态栏里写下你希望你关注的流程最好是如何运行的（常会改变好几个特性），接着你再后退一步做适当调整，以保证在要求的实现日期内实现这个目标状态。在这里，总的目标状态就像一个挑战，之后要由很多小的目标状态一步步去达成。

一旦你和你的教练就下一个目标状态达成一致，沿表中剪刀所在位置向下剪切表格，并将每个部分放在故事板的相应位置。

第3步：定义期望的结果表现 [什么（What）]

不管是教练还是学员都可以提出达成日期前要达到的结果表现，这是一个能量化的结果目标。理想情况下，你应该将这个量化的目标与你的挑战或未来状态的价值流设计联系起来。继续使用上一章的例子，流程分析中的结果指标

第7章 建立下一个目标状态（第3步）

> 期望的结果表现：
> 用数字来描述结果目标：
> 这是"分数"

← 在目标状态达成日期之前你想要达到的结果目标和具体数字

是"每天的生产件数"。所以学员可以简单地在表格上填写"当前的日需求量为1840件，两班，没有加班"，见下表所示。

现状/目标状态			结果指标：每日产量___件/天
学员：弗兰克·哈特福德　教练：玛丽·史密斯　关注的流程：装配			流程指标：输出循环周期
		现状　　日期 　　2017年5月16-17日	目标状态：达成日期 　　　　　6月7日(2周)
1.结果表现	实际产出	1520～1900件/天(参见图示)	1840件/天
	运行时间	两班	两班
	是否有加班	周六有加班，参见图示	没有加班
2.客户需求	要求	1840件/天	

正如你可能所见的，这个结果目标对于两周的达成日期来说太模糊了，所以在目标状态达成前需要被不断修改调整。但这是一种理想的途径，而且只是建立下一个目标状态的迭代过程的起始点。

第4步：定义所需的运行模式 [（怎么做(How)]

> 期望的运行模式
> 描述你期望的能获得
> 你期望值的运行模式，
> 这就是"你来定游戏规则。"

← 在达成日期前，你希望你关注的流程是怎么运行的，包括过程指标。

学员现在应该在自己的能力范围内去开发和描述你期望的流程运行模式和运行特点，这应该在同教练的反复对话中完成。也就是说，学员定出一个目标状态，向教练提出，并接受反馈，接着基于此来调整目标设计。如此反复，直到教练和学员就下个目标状态达成一致意见。

学员可能要多次调整或重写目标状态（退回去重新思考或收集更多信息），直到达成共识。这是很正常的，而且是值得这样做的，因为目标状态是改善套路下一步试验的框架。

教练可以问：
"要实现你要的输出表现，你关注的流程需要如何运作？"

"你想改变什么，你会保留什么？"

对于学员来说，一种有效实施此步骤的方法是交叉审阅 CC/TC 表：一边看着表中左侧的现状特性，一边在右侧目标状态栏中记下未来应该是什么样子，紧紧围绕之前确认的还留在你脑中的那些你期望的结果表现。

这会产生一系列对达成日期而言非常模糊的你关注流程的未来特性，但是能给你一个大的框架：哪些事情是你该做的。当然，有些参数可能是学员不能去改变的，比如安全、质量或预算。

还是使用上一章的例子，学员的第一幅关于期望的运行模式的图景可能与目标变异汇总表和用下列数据填的 CC/TC 表相似。下面的变异汇总表中"目标状态"与"现状"相比发生变化的特性用蓝色箭头标记，其他特性保持不变。

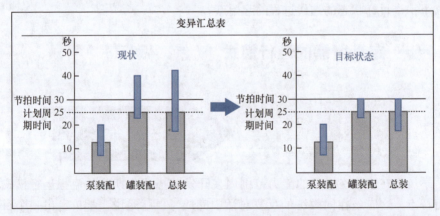

结果目标是用相同的人员和设备生产每日所需要的 1840 件产品，但不加班。为了达到这个目标，学员预测至少需要以下运行特性：

- 从上面变化汇总表可以看出，所有正变异应落在节拍时间和计划周期之间 15%的差异之内。运行图中显示的正变异量不应超过+15%。
- 要实现变异不超过+15%，则意味着周期性地将供应零件和批次成品搬出（称为"离开工作周期"）的工作内容应该由其他人员完成，而不是由操作员完成，例如安排物料员在预定的路线上及时回收。

第7章 建立下一个目标状态（第3步）

带箭头的项目表示已改善

		现状/目标状态		结果指标：每日产量___件/天
学员：弗兰克·哈特福德　教练：玛丽·史密斯　关注的流程：装配				流程指标：输出循环周期
过程分析步骤		现状：	日期 2017年5月16-17日	目标状态： 达成日期 6月7日(2周)
1.结果表现	实际产出	1520～1900件/天(参见图示)		1840件/天 ⬅
	运行时间	两班		两班
	是否有加班	周六有加班，参见图示		没有加班 ⬅
2.客户需求 和计划周期	要求	1840件/天		1840件/天
	节拍时间	30秒		30秒
	计划周期时间	25秒(节拍时间的85%)		25秒
3.运行模式	流程步骤和顺序	参见框图 3个操作工		参见框图 3个操作工
	变异	• 参见运行图，产出波动 =+72%/−28% • 最短可重复时间可以接受，但是第2和第3个操作工的波动太大		不超过+15% ⬅
	对当前运行 模式的观察	• 操作工自己拿取物料 • 自动化设备前有在制品堆积 • 最后一个操作工搬走成品		零部件已交付 ⬅ 批量=1件(流动) ⬅ 成品不是由操作工搬走 ⬅
4.设备能力	自动化设备 是否有瓶颈	罐体的焊接周期太长，为27秒，应小于等于22.5秒		焊接周期小于等于22秒 ⬅
5.核心工作	计算操作工人数	63秒/2.5个操作工		✕

- 罐体焊接周期应至少比计划周期时间快15%，或不超过22秒。

学员将这些特性的组合告诉教练。如果教练认为这是一个有效的预测，教练可能会说：

"好的，现在请提出你希望关注的流程2周后会到哪里吧。"

学员会回去进行更仔细的思考。

继续刚才的例子，学员很清楚当前焊接机的周期时间为27秒，这意味着当前所关注流程的机器性能无法支持25秒的计划周期时间。在处理期望的运行模式的其他方面之前，首先解决这个产能瓶颈问题是很有意义的。

在流程分析的机器性能图中，学员发现在焊接机27秒的焊接周期中有一半是手动上下料时间。这是一个机会，因为在上下料时间中减少5秒应该比在焊接时间中减少5秒更容易。学员预测，可以将罐体焊接周期降低到22秒或更短，从而消除罐体焊接的瓶颈，其结果为每天可产量不少于1700件，罐体焊接的变异小于25%。学员将其记录在CC/TC表单的右侧，如下表中蓝色箭头所示。

带箭头的项目表示已有改善

现状/目标状态			结果指标:每日产量 ___ 件/天	
学员:弗兰克·哈特福德 教练:玛丽·史密斯 关注的流程:装配			流程指标:输出循环周期	
过程分析步骤		现状: 日期 2017年5月16-17日	目标状态:	达成日期 6月7日(2周)
1.结果表现	实际产出	1520~1900件/天(参见图示)	不少于1700件/天	←
	运行时间	两班	两班	
	是否有加班	周六有加班,参见图示	有,周六	
2.客户需求 和计划周期	要求	1840件/天	1840件/天	
	节拍时间	30秒	30秒	
	计划周期时间	25秒(节拍时间的85%)	25秒	
3.运行模式	流程步骤和顺序	参见框图 3个操作工	参见框图 3个操作工	
	变异	·参见运行图,产出波动 =+72%/−28% ·最短可重复时间可以接受,但 是第2和第3个操作工的波动太大	罐体焊接的变异小于+25%	←
	对当前运行 模式的观察	·操作工自己拿取物料 ·自动化设备前有在制品堆积 ·最后一个操作工搬走成品	此次无变化	
4.设备能力	自动化设备 是否有瓶颈	罐体的焊接周期太长,为27秒, 应小于等于22.5秒	焊接周期小于等于22秒	←
5.核心工作	计算操作工人数	63秒/2.5个操作工		

学员将这个放到下一个目标状态里,标出两周后的实现日期。教练可能问:

"你要如何处理焊接机的上下料,以实现比现在少5秒?"

学员基于改善套路的第二步中为设备产能图收集数据时所观察到的内容而对这个目标状态理解到位。但更多的情形是,学员现在还处于知识的门槛。这时可以有两种做法:

教练   学员

1) 留在改善套路的第三步,观察焊接机并人工分析上下料流程,然后将相应的细节添加到目标状态中。

2) 进入改善套路的第四步,并随着向前试验和了解更多后再来增加目标状态的细节。

因为下一个目标状态的基础已经建立,所以教练和学员就选项2达成一致。学员将CC/TC表对切,将其张贴在故事板的相应位置。

第 7 章 建立下一个目标状态（第 3 步）

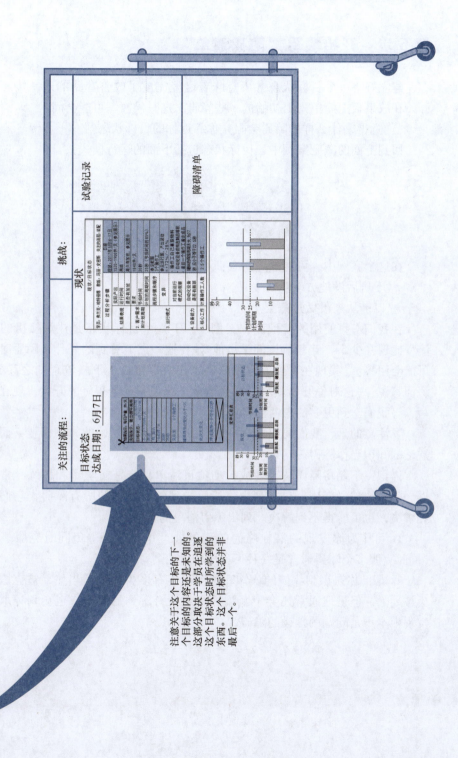

第5步:开始填写"障碍清单"

建立好下一个目标状态并不意味着已经完成了改善套路的这一步。还应该开始在故事板上简单列出初始的一些障碍。这时候教练可能会问:

"你觉得是什么样的障碍会阻止你靠近你的目标状态?"

回到上面的减肥案例中,目标状态包括下面的运行模式:

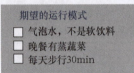

在这个案例中,可能的障碍有:
- 下班后没地方散步。
- 以前从来没做过蒸菜。

在我们一直使用的装配流程案例中,下一个目标状态是让焊接机的上下料流程比现在少5s。当教练询问学员他/她在这一点上看到的是什么障碍时,学员可能会回答:"我现在看到的主要障碍是我对焊接机上下料流程知之甚少。"教练回答说:"这对你开始填写'障碍清单'来说是一个很好的开始,现在先这样写,等我们学到更多的东西后再更新。"

要注意的是,我们要引导学员学会如何去跨越他/她的知识门槛,而不是将缺乏的知识当作障碍。

谨记:不要将障碍清单变成行动项目清单,这是初学者和教练经常犯的错误。障碍清单(OPL)只是列出你所感知到的和发现的所有障碍,它们可能得到解决,也可能得不到解决。列出障碍清单的目的是:

1. 可作为你发现的潜在障碍的记录处,并有助于避免同时克服多个障碍(同时克服多个障碍通常是一种不科学的做法)。

2. 帮助你认识到我们的认知和预测可能有多少缺陷。当然,被克服的障碍会被划除,但是你通常还会不断添加之前没有看到的障碍,也会划掉那些后来发现根本不是问题的预设的障碍。

第 7 章　建立下一个目标状态（第 3 步）

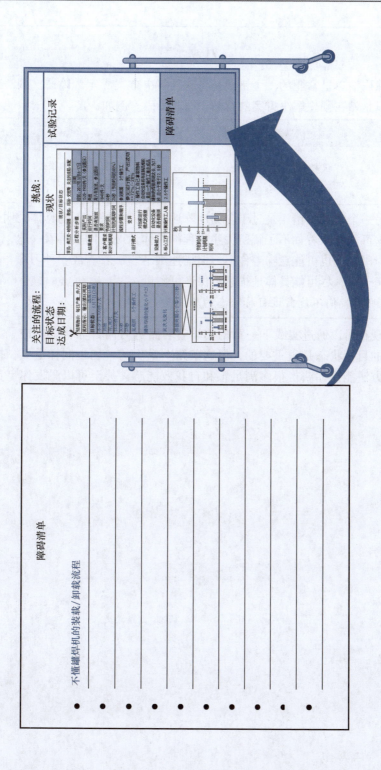

127

小贴士

障碍清单里常犯的一个错误是将缺乏解决方案界定为障碍。脑海中缺乏对策只是站在预想解决方案的背面,而非障碍。例如:

这是纠正措施或者解决方案,不是障碍	这是一个障碍
缺少标准 没有零件烘干机	工作完成的变数很大 零件湿度很大

另一个常见的错误是过于含糊地陈述障碍。如果你不能具体说明任何障碍,这可能意味着你不了解所关注流程的具体情况。回头再看一遍,而不是制造障碍。这也可能意味着你不习惯描述细节。试着养成一种习惯,在完成以下句子时,尽可能具体地描述,保证可衡量:

"目前我们不能靠近目标状态的原因是……"

你现在可以通过实践下一章的初学者套路努力向目标状态前进了。明确你想达到的目标状态是很重要的,但这条路上发生的一切也同样重要。找到克服障碍的方法能让你获得很多满足感和自我效能感,甚至可以激发你宝贵的谦逊态度。

执行阶段

第 8 章

朝着目标状态开展试验（第 4 步）

丰田套路实战指南　每天20分钟科学思维模式训练创造卓越绩效

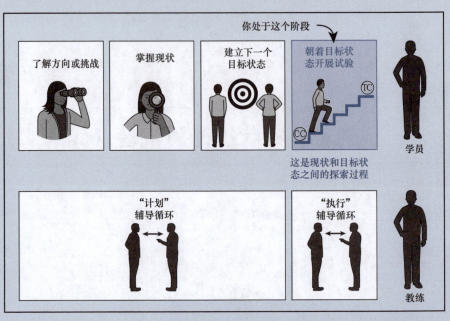

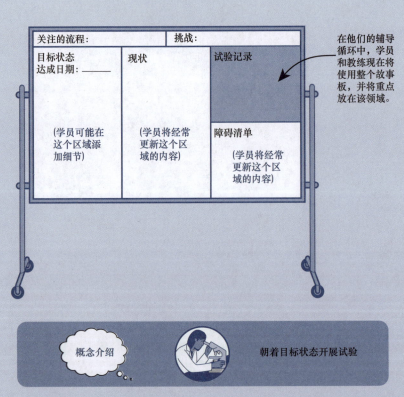

第8章 朝着目标状态开展试验（第4步）

建立抵达你的目标状态的路径

现在你有了目标状态，那你要如何抵达目标状态呢？最重要的是：要假设路径混沌不清，并对那些你认为能够让你到达目标状态的步骤以外的步骤持开放态度。目标状态的实现不能通过逻辑、计算或论证事先完全确定。

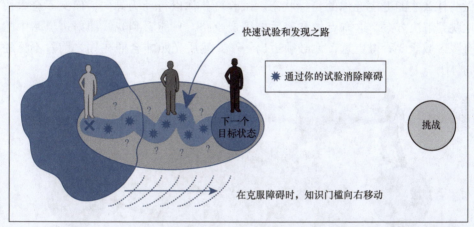

基于比尔·康斯但丁诺的绘图

我们经常有计划或预先设想解决方案，并打算实施，但是在大多数情况下，事实既不是线性的，也不是可预测的，因此这不足以成为实现目标状态的有效方式。我们不会事先得到所有答案，因为我们看不到影响一种情况的所有变量，也看不到这些变量相互关联的多种方式。事实上，每个工作场所的独特变量可能是为什么将一个组织的有效解决方案作为基准，并将其带到另一个组织却往往不能实现有效改进的原因。相反，像科学家那样工作是一个不错的方法，他们通过试验来学习和前进。

改善套路不会为你提供如何达到特定目标状态的解决方案，因为科学流程无法告诉我们未来会发生什么。它只能证实或推翻试验结果，帮助你在对现实的理解不断加深的基础上发现和建立一条路线。本章为你提供一个初学者如何结构化地进行试验的路径。试验就是为了学习某些东西而向前迈出一步。本书中我会交替使用步骤和试验两个词。

这种方法的神奇之处在于你不必事先知道所有的步骤。唐纳德·舍恩把试验作为与情境的对话⊖。你通过试验测试你的想法，所关注的流程反过来会给你

⊖ 唐纳德·舍恩（Donald Schoen）：《沉思型实践者》（The Reflective Practitioner）（Basic Books, 1983）一书作者。

反馈，这往往会呈现出一些你以前不知道的东西。想一想，其实在整个生命中，你所迈出的任何一步实际上都是一个试验。

当然，你难以通过一次试验就达到目标状态，而且许多试验的结果会与你的预期不同。你迈出一步，遇到新的信息，评估它，然后根据你学到的东西来修改你的理解，并计划下一步如何朝着目标状态继续迈进。通过尽可能快地重复此操作，你可以同时进行调查和推进，因为你的试验可以帮助你了解你需要做些什么才能更接近你的目标状态。试验可让你以行动为导向，但又不会太快地跳到解决方案。这有点像拿着手电筒走夜路，只能看到光线照射进黑暗中的有限区域。要看得更远，你必须迈出一步，然后光照才会照在你之前看不见的物体上。

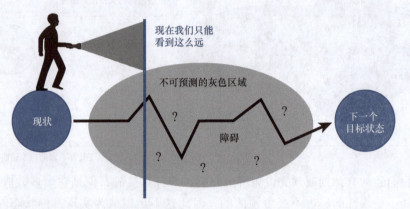

在你的知识门槛上进行试验

所谓知识门槛是指在没有事实和数据的情况下，而开始猜测或推断的点。如果你听到自己说下面的话，那么你可能已经达到或超过了你的知识门槛：

- 诸如下列词语：我认为、也许、可能、大概、很可能、或许、平均来说，90%的时间……
- "让我们减少/增加50%"（当我们缺乏具体的、经过精密计算的数字时，50%的"猜测"是常见的。）
- 参考历史数据。
- 争论什么是正确的。
- 对于事件的描述缺乏数据的支持。

认识到你目前的知识门槛是很重要的。因为它告诉你需要在哪里进行下一次试验。这是你学习的边界，以下是你应该做的：

1. 承认知识门槛。在有一定的实践之前这可能很难做到，因为我们的大脑

第8章 朝着目标状态开展试验（第4步）

往往会直接跳过知识门槛找到可能的解决方案。实践本章所介绍的初学者套路的次数越多，你就越会发现我们每天在思考和讨论中不知不觉地跨越了多少知识门槛。你可能会感到惊讶。

2. **通过试验看得更远**。当前面的道路不确定时，做专业人士会做的事：试验！不要绞尽脑汁考虑谁可能拥有超出知识门槛的最佳想法。考虑一下什么是一个好的试验，以便去了解更多信息。一旦确定了就没有必要再犹豫不决。尽可能快地开展该试验，以便让你手电筒能够照得更远。

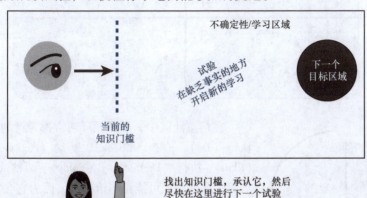

找出知识门槛，承认它，然后尽快在这里进行下一个试验

考虑一下下面关于乡村公路的画面。我们可以坐在会议室里讨论我们每个人认为山的另一边是什么，但如果没有新的数据，这样做就会实践并强化一种不科学的思维方式。你可以在会议室里多待一会，讨论想如何测试的想法，并进一步了解山的另一边是什么。但实际上，通过尝试而不是通过讨论，会让我们看得更远。你的决定应该基于下一个试验中将浮现的一些证据，而不是基于某人有力的论点和观点。

在辅导循环中，你的教练可能会问：

现在你的知识门槛是什么，以及接下来你需要学习什么？

意识到知识门槛的能力以及设计优良的、便宜的、快速的试验对于开发你适应性、敏捷性和复原力的思维和能力来说是非常重要的。

这是一种科学的学习循环

科学思维总是暂时的，就像"这是我们认为我们所知道的，我们的计划就是一个假设。"为了获得并保持对现实的充分把握，科学家们进行了与实际情景交互的假设→试验→数据→评估的循环，从而建立起层层递进的学习。你可以将此循环作为一种通过不确定的灰色区域到达目标状态的实用的方法。这种学习循环是改善、适应和创新的核心所在。事实上，在我们的"套路社区"里有一个流行词汇可用来帮助我们坚持科学思维："这个想法背后可能有一个更好的想法。"

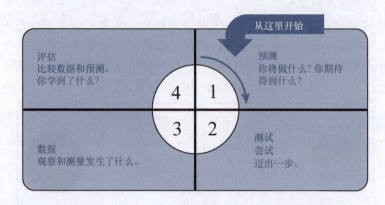

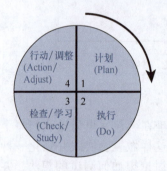

在精益社区中，学习循环通常称为计划（Plan）、执行（Do）、检查（Check）、行动（Action）或计划（Plan）-执行（Do）-学习（Study）-调整（Adjust）。然而，这种路径可能是不恰当的，因为它会和未知的部分之间形成不必要的，甚至相反的特性。我们建议使用更常见的、更广泛理解的词语，如假设→试验→数据→评估，如此结果会更好。

在我们进入改善套路模式中初学者套路的第4步之前，我们需要了解试验的三个关键点。

1. 试验不是用来实施解决方案的

你可能已经对达到目标状态的解决方案有了一些想法，但你采取的大多数步骤不会来自预先制定的实施计划、帕累托分析或头脑风暴。它们来自于试验"链"，你从一个步骤中学到的东西经常会导致你改变立场，并为下一个试验奠定基础。科学思考者会让他们的试验结果告诉他们接下来要做什么，而不是被先入为主的想法和假设左右。你正在建立一条通往目标状态的路径，一环连着一环。

对此的一个必然结果是，通往目标状态的路径不会是一条直线。试验过程是确定的，但路径却不是。在此过程中会发生一些事情，这会随时使你的想法发生变化。目标状态保持不变，但路径可以随着你的学习进步而不断变化。

另一个必然结果是，不是每一步都会带来可衡量的收益，有些步骤可以，有些则不行，但这并不是重点。带来最终好处的是实现目标状态，而不是某个具体步骤。

当然，试验不是免费的。将你自己想象在由这些边界定义的"试验区"内工作：①存在一个可测量的、不可再选的，但能够在确定日期内实现的目标状态；②你有不能超越的限制条件；③在安全或质量方面你不能妥协。你在这些边界之内（在这个"试验区"内）进行试验。

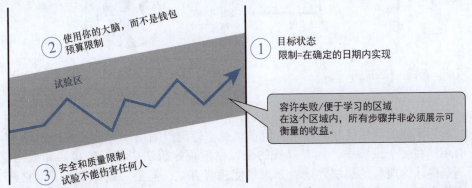

2. 预测误差或意外是试验帮助你学习和提高的重要部分

> 如果结果证实了假设，那么你完成了测量；如果结果与假设相反，那么你已经有了新的发现。
> ——恩里科·费米

科学思维的核心动力涉及我们认为会发生的事情与实际发生事情之间的比较，并根据我们从差异中学到的东西进行调整。注意这个词——差异。

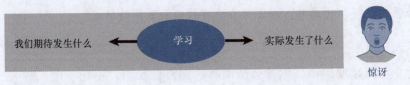

意想不到的结果与改进流程并行不悖。你可能会学着去爱上它们（如果你的试验成本低而又很好玩）。这个怎么理解呢？按字面意思，"学习"意味着有些知识你还不知道。当结果和预测的一致时，它证实了你已经想到的东西并坚定了你现有的路径，这样就没有太多新的知识可以学习。但是当结果与预测的不同时，那么你将要学习一些新的知识。预测错误会引导你脱离之前的假设，并提供可用于改进设计的新信息。

在科学界听到的最令人兴奋的短语，即预示着新发现的短语，不是"我发

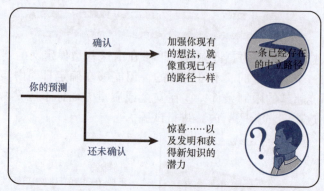

现了"，而是"这很有趣。"

——伊萨克·阿西莫夫（Isaac Asimov）

我们实施的都是良好的结果，但在试验中，消极的结果可能比积极的结果更有用。在一个试验中，你要寻找的是可以发现你想法中漏洞的事实和数据，而不是确认你现有的想法。这看起来可能违背直觉，但是一旦你实践了，它就会变得有意义，并且对于找到通向目标状态的路径非常有用。

你总是会得到结果，但并不总是你所期望或预测的结果。所以，为了达到你的目标，准备好修改并采取另一个步骤吧。当然，既然我们是依靠预测误差作为学习的主要方法之一，那么你的试验应该用心设计，让预测误差不会损害任何东西。这一点在本章的实践部分还有更多介绍。

最后，为了便于从试验中学习，你应该事先写下你期望发生的事情。之后，你应该写下关于实际发生的数据。只有这样你才能客观地比较这两者。改善套路中初学者套路中的对应步骤将会让你完全按照这种方式来操作。

3. 快速和频繁的试验＝更多的学习

如果你不得不吃乌鸦，那么就在它年轻而柔嫩的时候吃。

——托马斯·杰斐逊

你学习的速度越快，你就会越准时达到目标状态。正如手电筒的比喻所表明的那样，在测试你的想法之前，你经常是看不到更多更远的。所以越早测试你的预测，就越早看到更远。

小的步骤不是缓慢的步骤！快速而频繁的试验能够以低成本来迅速提高你的知识水平。聚焦小的步骤，一次试验一个步骤可以减少对失败的恐惧以及一次尝试做得太多所带来的压力。当然，因为是采取小步骤去达到你的目标状态，你可能要经历很多很多步骤。

尝试在下一个辅导循环之前建立原型并验证你的想法。在寻求持久的方法之前先尝试快速灵活的方法。事实上，只要有可能，就马上在现场进行试验。你要开始擅长这种方法。

频繁而快速的试验能够保持学习和进度，快速达到目标状态，从而保持学员和教练的动力。当试验延迟并且学习速度缓慢时，每日辅导循环可能会失去其吸引力和价值。如果这种情况开始发生，不要减少辅导循环的频率，而是要努力增加试验的频率。

你的教练可能会问：

"我们今天如何测试？我们现在可以做一个现场试验吗？"

"你可以马上试试什么，看看这个想法是否值得继续坚持？"

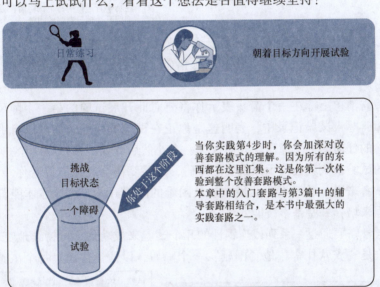

当你实践第4步时，你会加深对改善套路模式的理解。因为所有的东西都在这里汇集。这是你第一次体验到整个改善套路模式。

本章中的入门套路与第3篇中的辅导套路相结合，是本书中最强大的实践套路之一。

如何进行试验——实现任何目标状态的撒手锏

在改善套路的这一步中，教练的五个辅导套路问题和学员的试验记录一起用于在学员的故事板上进行的日常辅导循环。二者相结合，这两个入门套路有助于提供高效、系统的试验。下面几页介绍了如何使用学员的试验记录。本书的第3部分将介绍5个辅导套路问题。

首先，选择一个障碍并将其写在试验记录上

针对某个特定障碍进行试验有助于避免一些不科学的工作模式，例如：

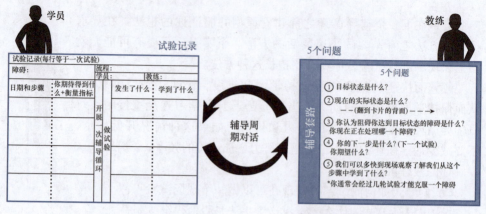

在初学者进行的每个试验前,教练都会询问五个辅导套路的问题。

- 为你认为可能实现的目标状态而漫无边际地寻找解决方案。
- 实施某项措施后立即开展另一项措施,而不是从已实施的措施中获得反思和学习。

在障碍清单上标注一个箭头表示你将要对此开展试验的第一个障碍。然后将这个障碍写入试验记录中,表明这是你正在试验的问题。你可以自由选择你想要试验的任何第一个障碍。只需选择一个,然后开始。选择哪一个并不重要,因为你的试验很快就会揭示最重要的障碍,这些障碍会在前方等着你。实际上,对于初学者来说,最好不要从最大或最困难的障碍开始,这样你才能首先通过试验过程来培养一些基本技能。

它通常需要通过一系列或连锁性的几个试验来成功地、可持续地克服障碍。这个方法是"安营扎寨"地"围剿"一个障碍,以便让你通过每个试验更多地

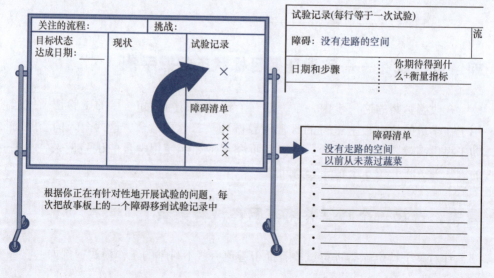

了解你需要做些什么来消除障碍并向目标状态前进。出于这个原因，每个试验记录表格只涉及一个障碍。无论何时，只要你转向不同的障碍，就要开始一个新的试验记录。

试验也可能揭示以前未被注意的障碍。你可以随时在障碍清单上添加或划掉障碍，但是，你仍应该尝试每次仅将故事板上的一个障碍移动到试验记录中。

使用试验记录

试验记录归学员所有，是学员用于沟通的工具：①对最后一次试验的反思；②对下一次试验的计划。试验记录中的四列依次对应着辅导套路的几个问题。当教练提出这些问题时，学员指向并阅读写在试验记录上的回答。

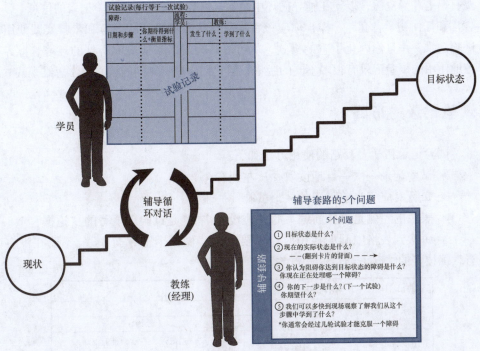

试验记录使得实践和传授科学的学习循环模式易如反掌，下图所示体现了这种高效的模式。

学员在辅导循环之前填写试验记录中的各项空格，这样教练就可以看到学员是如何思考的，并给予适当的反馈。教练要么同意学员的下一次试验计划，要么给予反馈意见：

- 学员对上一步/试验（反思）的解读。
- 学员提出的下一步（下一个试验的设计）。

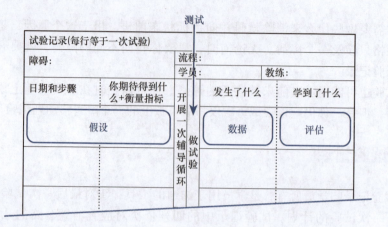

在辅导循环中，教练可能会建议你调整试验记录中的内容。因此，你的手上要有铅笔和橡皮擦，以便在辅导循环中删除、修改或重写有关试验记录的信息。

和任何初学者套路一样，你应该首先完全按照所设计的内容和步骤实践使用试验记录。一旦你内化了它的模式，就可以修改表单来适应你所处的环境。世界各地使用的试验记录有很多不同的版本，但它们体现了相同的核心科学思维模式。

试验记录的布局

试验记录初学者套路的使用方法如下：
- 试验记录一次一行地读取，从左到右。
- 每行对应于当前障碍的一个试验（一步）。
- 表单的左侧是试验前编写的"假设"，右侧是试验后填写的"论据"。
- 每次到表格中间的栏中时，你要提出"做一个辅导循环"。不要在没有与教练核实的情况下通过这一点。

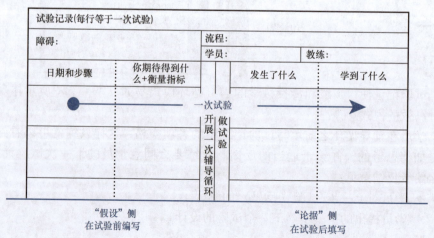

第8章 朝着目标状态开展试验(第4步)

对即将发生的事情进行假设是科学方法的基本要素,甚至可能是必需的基本要素。为了学到知识,你应该在采取某个步骤之前假设并写下对该步骤的预期结果,这创造了两个学习机会:

1) 关于你正在试验的步骤的细节(是"如果我们做 x,那么我们会得到 y,是真的吗?")。

2) 关于你对所关注流程和情境的基本假设。

如何按部就班地使用试验记录

你建立的第一个试验是基于你对流程分析中初始状态的理解,之后的试验则是基于对最新状态的了解和上一次试验的反思。

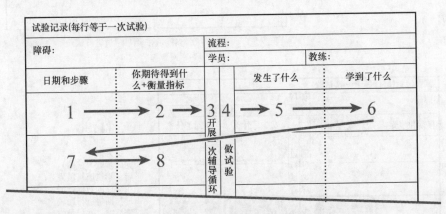

① **计划试验**("我打算……"),列出建议的步骤和实施该步骤的日期。你目前的知识门槛是什么,以及接下来你需要学习什么?

② 记下你预测的步骤将会产生的效果,或者你期望学习的东西,以及你将如何测量它。

③ **完成一个辅导循环**。教练根据需要对下一个试验的设计提供反馈。根据教练的输入进行调整。

④ 一旦你和教练同意,**马上进行试验**。

⑤ 记录事实(观察)和所发生事件的测量数据。目前还没有对于问题的解释!

⑥ 现在通过比较假设结果②和实际发生的情况⑤来反思试验的结果,并总结你学到的东西。

⑦ 一气呵成。根据从上次试验中学到的内容,提出下一步和日期。明确现在什么是你的知识门槛,以及接下来你需要学习什么?

⑧ 写下你的下一个假设和你将如何测量它。

— 现在是下一个辅导循环的时候了。

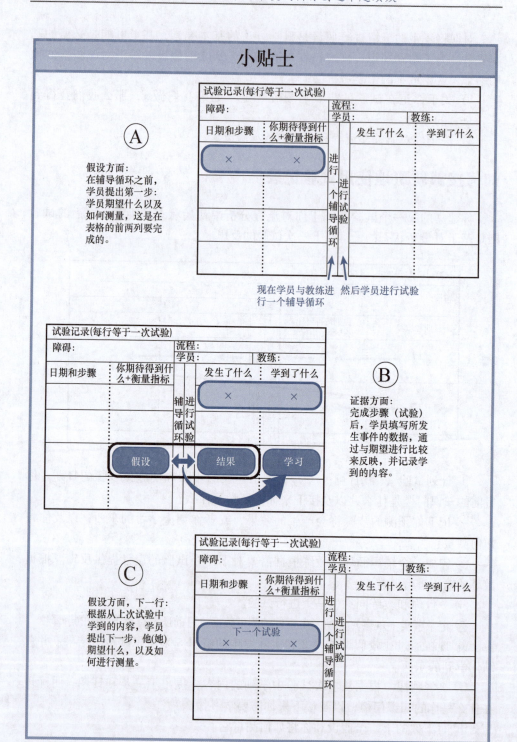

第 8 章 朝着目标状态开展试验（第 4 步）

小贴士

下面逐栏查看试验记录

第1列	第2列	第3列	第4列
对原理的思考		**对论据的思考**	
日期和步骤	你期待得到什么+衡量指标	发生了什么	学到了什么
本列是关于为试验制订一个好的计划。 你目前的知识门槛是什么？ 描述你将要测试的内容以及你将如何测试它。 想想说，"我打算……"	本列作为第1栏中描述的步骤的结果，是关于你认为将发生的事情，或者你期望学习的内容。在本栏中不要仅仅重述第1栏中的内容。 你应该确保你有用于衡量试验结果的度量标准和数据收集方法。 你必须在试验前写下你期望的内容。否则，你的大脑确认偏见可能会剥夺你重要的认识。所谓"最淡的墨水胜过最强的记忆。"	本列应该只包含事实和数据。这是一份"情况报告" 如果你总是得到你期望的结果，那么你可能没有在你的发现前沿进行有效的试验。没有足够的学习	本列可能是最难的一列。你要考虑发生了什么，并试图理解它对你的思维有什么启示。您还应该确定你目前新的知识门槛，这会引导您进入下一个试验。 • 你对所关注的流程和当前的障碍有什么新的见解？ • 在你的理论、思维以及所关注流程的控制变量方面，你学到了什么？你的一些试验也可能让你更好地理解当前的状况。一个典型的评论是，"哇，我真不知道发生了什么。"

比较第2列和第3列的学习情况

辅导循环

来啦

通过更新故事板来准备好一个辅导循环

一旦你在试验记录中写下了下一个试验方案,你就可以进行下一个辅导循环了。通过更新所有信息并将其发布到故事板上来做好准备:

- 将更新的试验记录放置在其相应的字段中。
- 更新"现状"区域中的信息以反映当前的状况。这可能涉及制作一些新的运行图表。请注意,每次试验后现状可能都会有所不同,因为无论何时你在流程中进行更改,这都是一个新流程。
- 如果发现了新的障碍,消除了障碍或障碍变得不再相关,则更新"障碍清单"。
- 你还可以在"目标状态"区域中添加更多详细信息。

当教练问你辅导套路的 5 个问题时,请指出故事板上的相应信息。

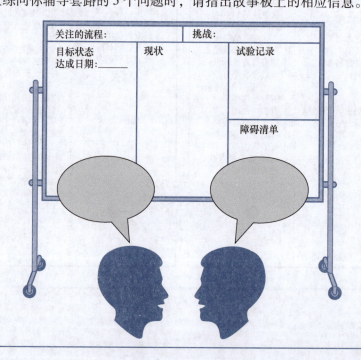

示例(从左至右逐行阅读示例试验的记录)

这是上一章的装配过程示例,其中的障碍在于学员不了解罐体焊接过程的上下料细节。学员的第一个试验是观察上下料过程，以便更多地了解该过程。

第一个障碍 →

试验记录(每行等于一次试验)				
障碍:对罐体焊接上下料的过程不够了解		流程：装配		
		学员：弗兰克·哈特福德		教练：玛丽·史密斯
日期和步骤	你期待得到什么+衡量指标		发生了什么	学到了什么
5月22日，观察罐体焊接上下料的过程	学习工作步骤，学习是否有哪些步骤可以缩短	开展一次辅导周期 做试验	列出步骤(参见故事板)	松开夹钳导致二次处理零件，占用了额外的时间

在观察罐体焊接上下料的过程中学员发现了一个新的障碍，将其添加到"障碍清单"中，并开始如下所示的新的试验记录，针对新的障碍进行新的试验。

新障碍 →

试验记录(每行等于一次试验)				
障碍：松开夹钳导致二次处理		流程：装配		
		学员：弗兰克·哈特福德		教练：玛丽·史密斯
日期和步骤	你期待得到什么+衡量指标		发生了什么	学到了什么
5月23日。安装一个脚踏板用于松开夹钳，以消除二次处理的需要	减少卸载/装载时间3秒	开展一次辅导周期 做实验	踏板系统不适合一种罐体	一种罐体需要额外的夹钳
5月24日。通过在夹钳上添加一个法兰消除额外的夹钳	适合所有类型罐体。减少装载/卸载时间3秒		法兰刮擦罐体，使得很难单手移除罐体	不确定实际需要多少个夹钳才能夹住罐体
5月24日。通过重新定位另外两个夹钳来消除额外的夹钳	适合所有种罐体。减少装载/卸载时间3秒		在焊接时，罐体很稳固，减少装载/卸载时间4秒	新的夹钳好像适合所有类型的罐体
5月25日。监测焊接过程两个班次	如果持续产生好的效果，我们将需要建立新的标准		诸如此类……	

这是上一章的减肥例子，其中一个障碍是学员下班后没有地方散步。

试验记录(每行等于一次试验)					
障碍:下班后没有走路的空间			流程:减肥		
			学员:		教练:
日期和步骤	你期待得到什么+衡量指标	开展一次辅导循环	做试验	发生了什么	学到了什么
8月22日。下班后在艾尔玛公园散步	在气候条件良好的情况下行走30分钟,路程至少1英里			路程太短（只有5分钟长），停车费1美元	需要寻找其他散步地方
8月23日。请同事提建议	今天就可以尝试其他地方,路程至少1英里。可以免费停车			河边小路,效果很好。可以从河的另外一边返回。脚痛	穿着工作鞋走路不好
8月24日。把跑步鞋和袜子放在轿车里	行走30分钟,没有感觉脚痛			诸如此类……	

实现具有挑战性的目标状态会涉及很多小步骤

如果你仔细阅读这些案例的试验记录，可能会觉得它们涉及的是对大局几乎没有影响和意义的小步骤。这是我们很容易犯的一个错误。因为我们更愿意强调我们里程碑式的发明和成果，以及我们明显的进步，但往往忽略了真正让我们能够实现目标的日常细小工作。重要的变化、改善和成就往往是许多小改进和渐进式创新的产物。仔细思考一下你在这些试验记录中看到的创新行为。

当你意识到许多进步实际上来自科学家日积月累的小步骤时，你就会开始发展组织中每个人的科学思维能力，这是非常有意义的!

在辅导循环中做什么——来自学员的回复

辅导套路（第3部分）提供了教练在每个辅导循环内以相同的顺序问你问题的框架。这些问题有助于教练理解你当前的想法和你努力达到目标状态的状态。这样教练可以给你反馈。

下表总结了教练正在寻找的基本信息，以回答你处在改善套路模式第4步时的问题。在给出最初的答案时，你应该直接从故事板中读取信息。你要在每个辅导循环之前更新这些信息。当你阅读故事板时，一个不错的办法是指出故事板上的每个项目。

	教练的问题	学员的回应
	挑战是什么？	解释你所面对的挑战是什么，挑战往往来自你的上级
1	目标状态是什么？	仔细阅读故事版上目标状态的描述，指出阅读过的项目
2	当前的情况是什么？	通读故事板上的事实、数据和图表，描述最新的现状（不是最初的现状）。边读边指。
反思	你的最后一步是什么？	阅读试验记录第1列中的前一条
	你期望什么？	阅读试验记录第2列中的前一条
	究竟发生了什么？	阅读试验记录第3列中的最新条目
	你学到了什么？	阅读试验记录第4列中的最新条目
3	你认为是什么障碍阻止你达到目标状态？你现在正在处理哪一个？	通读障碍清单上的项目。指出已添加或划掉的所有障碍物。在当前正在处理的障碍上标出箭头，并指向该障碍
4	你的下一步是什么？（下一个试验）你期望什么？	阅读试验记录第1列和第2列中的最新条目。使用"计划试验清单"来帮助你规划和解释下一个试验
5	我们能够多快地走下去，看看我们从采取这一步骤中学到了什么？	提出下一个辅导循环的日期和时间。教练会鼓励你尽快做试验。商定下一个辅导循环的事实和数据

恭喜！你正在以科学的方法工作！

三种类型的试验

以下列出的试验类型按照从比较缺乏科学性到更为科学性的顺序。但它们都可以被视为试验（只要你使用了试验记录），因为你采取的任何步骤都有可测试的结果。（请记住，我们对试验的定义是为了学习某些东西而采取的步骤）。许多学员喜欢在试验记录中标注他们接下来要做什么类型的试验。

1. 到现场观察（通过被动观察获得洞见）

这是在不改变任何东西的情况下直接观察和收集数据，以了解更多关于流程或情景的信息。只要在试验记录中有学员期望什么或期望学习什么，"进一步分析"或"到现场观察"就可以是一个试验。

每当你对下一步迷惑不解时，一个好的办法通常是"让我们去现场观察吧。"当然，要了解某种情况，你必须亲自去观察和测量相当长的时间，而这些时间的投入往往都是值得的。

2. 探索性试验（透过探索获得洞见）

这种试验是要改变流程中的某个部分，并观察流程对此如何反应。这种试验可帮助你更好地了解流程。可以这么说，如果你刺激流程，流程就会有所反应。这个做法就是让我们感受到深不可测的流程价值。

对达成新目标状态而言，首先使用的试验之一通常是探索性试验。迈出第一步的优雅策略就是尝试先简单地运行一下你给目标状态设计的流程，当然，你已经知道它还行不通。但这很快就会让一些真正的障碍暴露出来，然后，你就会知道该怎么做了。

3. 假设检验（通过验证或推翻假设获得洞见）

这种方法是为了测试某个特别的想法引入一个特定的变化或对策，并预测将会发生什么。如果可能，尝试一次只更改一个因子（OFAT），然后再将实际结果与预期结果进行对照。这种单因子或"受控比较"试验可以让你更好地了解和理解因果关系，从而帮助你深入了解关注的流程。然而，并不总是每次都可以进行单因子试验。因为很多时候会有很多因素涉及你的假设检验试验。这并不罕见。

尽可能快捷、简易地进行试验，并在小范围内进行

对此，有两个很好的理由：
- 有助于更快地学习和朝目标状态前进。
- 有助于防止无法预料的影响造成广泛的伤害。

请记住，实现目标状态的时间是确定的。要及时到达目标状态，你应该尽可能快速和频繁地进行试验。你如何简易而快捷地测试自己的预测？目前是什么情况，你具备什么条件？临时步骤或模型对于学习来说通常是可以的。它可以让你在进行大规模试验前，验证和调整你的想法。你可能会坚信自己的想法（或者有很多关注流程的经验），但还是需要调整的。

总之，迅速采取下一步措施可以帮助你更快地看得更远。

同样，进行小规模试验可以帮助你确保意外结果不会造成伤害；可以说，它们限制了破坏的"半径"。在任何试验中，你都可能会发现缺陷，并经历可能会影响他人和其他领域的意外后果。如有必要，在开展试验前建立一个安全缓冲区，以保护关注的流程所涉及的客户，或在模拟中离线进行试验。盲目的全面推进可能会让你后悔不已。

试验的必要性

没有必要重新发明轮子。你当然应该利用现有的知识和信息，例如手册中的规范、其他研究的发现、你组织中其他

第 8 章 朝着目标状态开展试验（第 4 步）

领域的经验，等等。

但是请记住，即使参考了现有信息，这些信息在你的具体情况下如何工作仍然是你需要进行试验的灰色地带。你使用的信息（无论其来源）仍需根据你的特定情况和目标状态进行测试和验证。

在进行试验之前校准你的团队

在你开始试验时，停顿片刻，面对你的团队询问："我们为什么要做这个试验？"你可能会得到这样的回答："看看（想法）是否有效。"

看看你的团队并说："实际上，我们已经知道这个（想法）可能不会起作用。"暂停一会儿让这句话映入同事们的脑海。然后说，"几乎很少有一次就能解决问题。我们需要做的是仔细研究发生了什么，然后思考我们需要再做些什么来使其发挥效力。"

让你的团队看到什么方法不起作用，并考虑如何使其发挥作用。要发挥团队的智慧！当你将团队从"我认为这不会起作用"的心态调整为"让我们看看我们需要做些什么才能使其发挥作用"的心态时，你就是正在开启并激发他们的智慧。人类具有卓越的创造能力，但它往往需要被领导者激活和关注。

你采取的每一步都是一个试验

> 每一步都是一次试验

朝着目标状态迈进既是进步又是探索的一种方式。随着每一步的深入，你都在探索地形，进行的相应调整，并更新你对形势的理解。在追求目标时，这是一种很好的用来处理不确定、不熟悉和各种复杂情况的方法。

你实际上并不知道下一步的结果将是什么，所以不要想得太遥远。如果你这样做，你可能不会为意想不到的结果敞开大门，这些结果可能会把你带到一个不同寻常、超出你原先想象但更富有成效的方向。要习惯于进入学习区，习惯于只有 50% 的时间（或更少）是正确的。集中精力进行下一步，保持开放的心态。你只能在事后看到目标状态的完整路径。

我们所迈出的每一步都会改变视野，增加视角，让我们观察到很多受限制的、非常不同的东西。

——詹姆斯 P. 卡斯

如何进行长周期流程的试验？

如果所关注的流程是长周期或偶尔发生的（如某些行政管理和化学流程），则很难以快速或低成本的方式进行试验和获取知识。流程周期越长，试验所需时间就越多。如果你需要多收集几个数据点，情形尤其如此。

为了在这些情况下加速测试，试验往往涉及某种类型的"试验室"模拟。面临的挑战成为："我们如何更快地模拟测试这一步骤或想法？"这种方法涉及在所关注流程实际的低频率试验之间开展低成本的模拟试验（例如每天一次）。这样你可以在实际流程周期之间的间隔时间内，先获得一些知识，最终在真实条件下的实际流程中进行一次"大"试验，以获得只能来自实际流程的信息。

如果试验要花费很长时间来准备，怎么办？

每天开展试验最为理想，但仅仅因为你每天都有辅导循环并不意味着你每天都能做试验。例如：

理想情况下，你只应在关注的流程上一次进行一次试验，以保持清晰的因果关系。但是，如果你需要等待很长时间才能准备特定的试验，那么这意味着你将失去宝贵的试验时间。在这种情况下，你可以在等待另一个试验准备就绪的情况下针对不同且无关的障碍进行其他试验，如下图所示（X = 步骤/试验）。

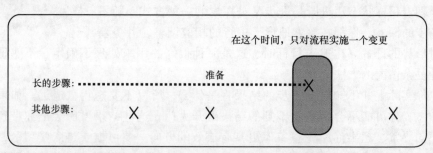

计划试验的核查清单

❑ 针对阻碍达成目标状态的特定障碍进行试验，而不是随机进行。

❏ 你现在需要学习什么？确定相对于你当前障碍的当前的知识门槛，在那里进行下一个试验。

❏ 你目前的知识门槛（TOK）是什么？

❏ 你如何测试你的想法？你能在只有一个因素变更的情况下做一个单因子试验吗？（这种情况并不常见。）

❏ 如何尽可能快捷、迅速测试你的假设？简单且快捷总是更好。现在情况怎么样？（思考：在焊接前先用胶带固定，然后再焊接。）

❏ 确保意外结果不会伤害任何人或任何物。如果需要，在进行试验之前建立一个缓冲区，或在模拟中进行离线试验。

❏ 在试验之前，在试验记录的预测侧写下你期望发生的事情（你的预测）。

❏ 你将如何衡量它？你必须以某种方式衡量试验，以确定假设是否得到验证或推翻。

❏ 如果可能的话，试验应该建立在之前试验中学到知识的基础上。

❏ 为了从你的试验中得到学习，你必须愿意并接受看到结果可能不符合你的期望。拥抱它！

评估试验结果的清单

❏ 要检查试验的结果，应该观察并测量几个循环，一个数据点是不够的。

❏ 用试验数据制作一个运行图表，还可以按时间、人员、物品、机器等来分层进行数据分析，要避免使用平均值。

❏ 评估有两个阶段。务必在记录事实或数据和解释结果之间保持明确的区别：
1. 汇总试验中的事实和数据（这是试验记录中的第3列）。
2. 通过分析事实和数据形成结论（这是试验记录中的第4列）。

❏ 有几种可能的结果，例如：
- 结果支持你的预测，并且你可以将步骤标准化。
- 结果不支持你的预测。（有趣！）
- 结果非常接近，你可以看到接下来要尝试的内容。
- 你无法分辨并需要更多信息。

❑ 超过50%的试验结果会超出你的预期，这并不罕见。你所获得的好处是你会更了解你需要关注的问题，并更明白如何去攻克你通向目标状态途中的障碍。

❑ 试验成功后，你需要考虑如何将你所做的改变制度化并维持下去。这可能需要更多的试验，因为仅仅改变一个文件或告诉人们是不够的。

❑ 最好反思一下你可以采取什么不同的做法来改进你的试验流程，这样你就可以成为更好的试验者。

第 9 章

总结和反思

当达到目标状态或达成预定日期时，学员和教练最好一起做一个总结和反思。这是一个非常不错的主意，可以一起回顾一下刚刚完成的四步改善套路，看看其中哪些方面做得好，哪些方面有待改善。这是对学员的改善套路练习和对教练的辅导套路练习的双向回顾。学员和教练可以分别看看在下一循环的四步改善套路中，他们应该去怎么改变和提高？大家共同的课题是：下一步你想学习什么技能？

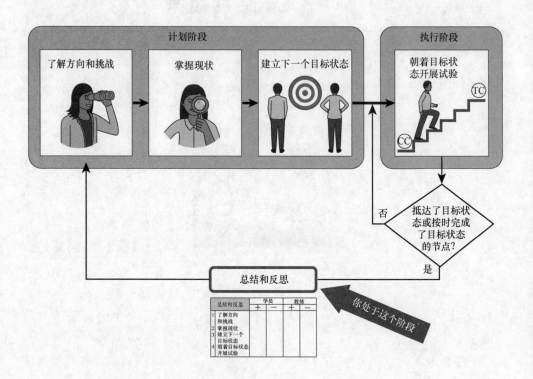

如果目标状态早于计划日期达成，那么在完成当时就马上进行总结和反思，而不要等到计划的日期。同样的，如果计划的日期到来了，但目标状态尚未达成，也请停下来进行总结和反思。这两种情况都是一种学习，因为它们都是没有达成计划的情况。

如果你还没有达到目标状态，但时间到了，你往往会说"就晚那么几天吧"。但是，如果你改了这个日期，那么说明计划并不那么重要，并且往往会不断改变。请不要轻易调整计划实现的日期。在绝大多数情况下，你几乎总是必须经历几个连续的递进的改善套路循环才能达到目标状态。请学会从意想不到的结果中反思学习，然后重新往前看，往前走。

总结和反思		学员		教练	
		+	-	+	-
1	了解方向				
2	掌握现状				
3	建立下一个目标状态				
4	朝着目标状态开展试验				

在总结和反思之后,你通常会清除并重置学员的故事板,然后返回"改善套路"模式的第1步。如果你再次对同一个关注的流程发起进一步挑战,那么这次"掌握现状"和"建立下一个目标状态"可能会更快,因为基于你已经做的试验,你现在已经知道得更多。

在第2部分的最后,我想提醒大家,这里提出的改善套路是入门者套路的练习规程,目的是帮助初学者培养科学思维方式和技能。当你将嵌入在入门套路中的模式完全内化时,你可以根据自己的组织和情况,将这些模式调整为自己的做事方式。

接下来的第3部分是教练的入门套路,它与第2部分的初学者套路相匹配,二者结合起来加以运用。

第 3 部分

教练的实践指南

（辅导套路）

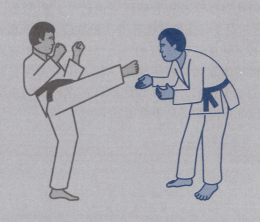

学习如何辅导改善套路？

如果你想更深入地学习改善套路，你应该在基本了解改善套路后就尽快开始辅导改善套路，这可以大大加快你的科学思维学习。

辅导一位改善套路的学员，和学习其他技能一样，你的练习也要从"初学者套路"开始。最基本的"初学者套路"是"辅导套路"的 5 个问题，它帮助你在日常辅导"改善套路"学员时提供了一个基本的框架。

第 3 部分包括 3 章。

第 10 章：辅导套路简介

第 11 章：辅导循环概述

第 12 章：如何完成一个辅导循环——实战演示

辅导套路是专门针对科学改善套路模式的教学，而不是一个一般的辅导或"人生导师"之类的。对于任何的技能开发，教练应该对学员正在练习的技能有一定的经验，这样教练才能评估学员的练习情况，并给予有用的建议。为了帮助做到这一点，当你作为培训教练使用第 3 部分中的改善套路简介时，你也可以参考第 2 部分中的相关章节，找到你的学员正在经历的步骤，从而提醒你的学员在该步骤中应该如何操作（见下页图）。

第3部分 教练的实践指南（辅导套路）

供教练参考的改善套路章节

目　录

译者序
致谢
摘自《丰田套路》
引言——学习和传授科学思维模式

第1部分　科学思维与实践的结合

第1章　适合每个人的科学思维 ………………………… 9
第2章　有效实践的要点 ………………………………… 25
第3章　日常实践的角色和结构 ………………………… 39
第4章　准备好实践 ……………………………………… 53

第2部分　学员的实践指南（改善套路）

第5章　了解方向或挑战（第1步）…………………… 67 ←
第6章　掌握现状（第2步）…………………………… 79 ←
第7章　建立下一个目标状态（第3步）……………… 107 ←
第8章　朝着目标状态开展试验（第4步）…………… 129 ←
第9章　总结和反思 …………………………………… 155

如果需要了解学员应该如何练习改善套路的步骤，请参考第2部分的相关章节。

第3部分　教练的实践指南（辅导套路）

第10章　辅导套路简介 ………………………………… 163
第11章　辅导循环概述 ………………………………… 171
第12章　如何完成一个辅导循环——实战演示 ……… 195

结论 ……………………………………………………… 229
附录　表格和模板 ……………………………………… 235

IX

第 10 章

辅导套路简介

5个问题

辅导套路

① 目标状态是什么?

② 现在的实际状态是什么?
    -- (翻到卡片的背面) ------>

③ 你认为阻碍你达到目标状态的障碍是什么?
   你现在正在处理哪一个障碍?

④ 你的下一步是什么?(下一个试验)
   你期望什么?

⑤ 我们可以多快到现场观察了解我们从这个
   步骤中学到了什么?

   *你通常会经过几轮试验才能克服一个障碍

卡片背面

反思上一个步骤中所采取的行动
因为你实际上并不知道一个
步骤的结果会是什么!

① 你计划在上一个步骤中做什么?
② 你期望得到什么?
③ 实际发生了什么?
④ 你学到了什么?

------------>
回到第3个问题

教练和学员的关系

学员在练习改善套路时需要有一位教练。因为仅靠自己，他们可能看不到并纠正自己的练习错误，最终可能会养成不良习惯。学员学习的效率和速度很大程度取决于他们得到的指导。所以，改善套路中教练的工作，特别是对初学者，需要包括以下内容：

陪伴学员，并根据需要给予有序的指导，确保学员虽然遇到困难，但最终能成功地学会运用改善套路的方法来实现富有挑战性的目标状态。

有人认为所有的学习实际上都是"自学"，也就是说，我们从自己的经验中学习。这就需要教练给予学员支持和赋能。这与我们通常想到的"推动"指导方法略有不同，教练的职责是管理学员的练习过程，需要通过实践来体会如何做得更加有效。

众所周知，简单地重复一系列步骤是不足以培养新技能和思维方式的。学员需要不断地加强练习、纠正错误，应对学习新技能过程中遇到的各种酸甜苦辣（停滞、挫折、不适）。也就是说，学员的情绪将起到至关重要的作用。作为教练，你的影响力在于可以让学员时不时地体验克服障碍达到目标状态的成功喜悦，让学员看到他们的改善套路技能在不断提升。教练通过鼓励学员来提供支持，如果学员的工作方法与技能提升目标背道而驰的时候，帮助他们及时发现，并且确保他们不断进步。成为辅导套路的教练意味着学员们的学习掌握在你的手中，你要对他们的成功负责。

很有趣的是教练和学员之间的责任重叠。学员负责实施改善，教练负责保证结果。这有点像体育运动或者音乐表演，教练不会亲自上场，但他要对整个团队的成功负责。所以教练只能通过培养学员来完成使命。这样教练和学员之间就建立了一种互相依赖的关系，学员依赖教练的辅导取得成功，教练通过辅导来确保学员取得成功。

建立有助于学习的对话	
改善套路的学员	改善套路的教练
在改善套路的特殊技能学习领域，愿意暂时作为初学者开始进行一些结构化的练习过程。 避免防御心理。 愿意聆听教练的辅导并实施教练给予的建议（当然学员必须要问清楚教练的意图）。 自告奋勇地教育（改变）自己，你要有"打算想要行动的决心"。	在辅导套路的特殊技能学习领域，接受暂时作为初学者开始进行一些结构化的实践练习。 接受既定的任务，在完成改善的过程中去培养学员。 根据对学员的观察识别出学员的困难所在。 针对每个学员量身定做反馈意见和实践战术，来匹配学员当前的能力和遇到的困难。 对关键技能部分做建议，而不是针对每个细节面面俱到。 根据学员的能力提升来调整辅导策略。 避免让学员产生防御心理。

什么是辅导套路？

辅导套路是初学者教练在辅导正在实践改善套路的学员过程中要遵守的一套操作规程。辅导套路中的 5 个问题是一个辅导循环中的关键要点，它给出了每天学员与教练之间的 20 分钟对话的框架，是教练和学员之间互动的基本流程。辅导循环的目的是回顾学员目前应用改善套路的情况，让学员和教练思考学员是怎么实践的，并针对下一步的练习目标给予反馈，进而提高学员的技能。

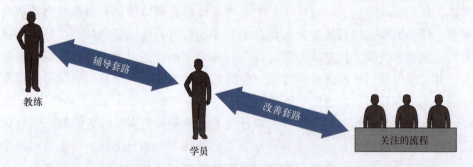

作为教练，在辅导过程中你有两个主要目标：

1）通过支持学员在实际流程中应用改善套路解决问题来培养学员应用改善套路的技能。学员致力于达成目标状态并更好地应用改善套路的方法。

2）通过你自己在辅导学员过程中对辅导套路的练习，使自己成为一位高效教练。

正如你看到的，无论是学员还是教练都在学习和实践。本书第 1 部分提到的"还有一个角色叫'第二位教练'"，他会在你辅导过程中观察并给你反馈。

后续会做更多的介绍。

辅导过程中的互动是一对一的——一位教练对一位学员,因为每个学员有不同的需求。由于一个辅导循环只有 20 分钟左右,因此一位教练一天可以辅导多位学员。每个辅导循环的基本框架是相同的,这让教练可以很容易地从一位学员切换到下一位学员。

部分辅导循环是结构化的,比如 5 个问题,学员的故事板,等等。其中,部分是视情形而定的,比如 5 个问题的主干是现成固定的,但你的反馈需要:

1) 取决于你观察到的学员的思维逻辑,以及你准备将学员带到的下一步是哪里。

2) 从你自己的改善套路实践中建立你自己的经验库。

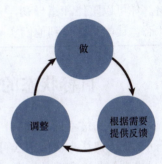

一旦教练听到了学员的反应,对学员的想法有所了解,就可以及时地给学员有针对性的纠正建议,但不一定每个辅导循环都给予改善建议,这由你决定。辅导过程对话不是审计和合规检查,而是互惠合作关系的一部分,可为双方创造学习经验:

● 学员与教练专注探索同一流程,致力于达到下一个目标状态。

● 学员与教练各自研究他们角色的启蒙套路。每一次努力给学员反馈都是对教练的锻炼,而每次按教练的反馈采取的行动亦是学员的成长历练。

教练如何解决两种实践过程中的困境

第一种困境是学员被要求做,但开始的时候学员不知道如何做。学员会在他们理解什么是改善套路之前,就被要求应用改善套路。教练要根据学员的进展通过调整辅导节奏来克服这个困境。一开始你就要要求学员严格遵循套路的每一个步骤,一丝不苟地引导学员前进,一旦学员表现出对改善套路有一定理解了,教练就可以给学员更多的空间;同时让教练也有更多的机会观察哪些地方需要重点给予反馈。这种依据学员的不断进步而量身定做的辅导方法被称为"支架式教学"。因为教练的辅导会根据学员的进度调整或取消。

第二种困境是为了掌握新技能和思维方法,学员需要努力超越现有的能力,但他们也需要体会一些成功和成就感,特别是在开始的时候。

运用改善套路成功地克服障碍达到目标状态会增强学员的自我效能,但过于频繁的失败会削弱这种效能感。

举例说明。如果目标状态太容易达成，那么学员可能会想"我早就知道我能做到。"这样就导致自我效能的提升很少。另一方面，如果目标状态具有适当的挑战性，但学员却屡屡失败，那样可能会给学员带来恐惧"我就知道我无法做到"。当然，学员不需要一直成功，但更多的成功比失败会更加有效。

教练应对这种困境的方法是把学员拉到舒适区之外，并对学员实践改善套路的过程（而不是内容）给予定期的反馈、指导，帮助学员成功地应用改善套路。你可以陪伴和指导初学者，让他通过自己的努力提升改善技能，达到目标状态。让学员感受到他们实际上是自己在完成任务。

目标状态的达成并不像你想得那么重要

我参加过不计其数的"披萨聚会"，庆祝团队达到了目标。很长一段时间，我确实认为目标达成可能是激发自我效能的主要因素，并带来快乐。但过去十年改善套路的实践经历给了我不同的看法。

首先，目标的大小不是问题，关键是目标对学员来说是否够挑战。学员事先不知道如何达成目标。一个团队努力让工作流程节约10秒钟，和另一个团队开发出一整套新产品，会带来同样的动力。这种效果给在组织中工作的每个人打开了大门，让他们在自己的工作中实践改善，享受成就，带来甚至更多的收获。

我观察学员的实践时间越长，越多地注意到全面达成目标并不是培养自我效能的最大因素。相反，在实践过程中战胜障碍的体验——每次消除一个障碍，好像会不断提升"我能行"的感受。最后的"比萨庆典"很好，但过程中的挣扎和克服障碍更能产生意义非凡的动力。

我多次目睹团队成员在开会时说："今天早上我淋浴的时候想到了我们目前的障碍，如果我们试试这样做会怎么样……"这位学员不仅提出了一些很棒的想法，有时候甚至是最初最抗拒练习改善套路的团队成员。

这些证明我们令人惊讶的大脑是要被开发利用的，通过激发和引导会让我们与众不同。

改善套路教练的任职资格

因为改善套路教练经常需要判断学员是否正确地运用了改善套路的方法，

并给予程序上的指导，所以教练自己要有应用改善套路的经验[⊖]。教练不必是专家，但要在改善套路的方法、结构和原则方面有一定的经验。这就是为什么组织中的管理者通常是合适的教练，他们会最先实践改善套路。当然，不是有改善套路的经验就会成为一位好教练，自己运用改善套路和指导其他人还是有区别的[⊖]。

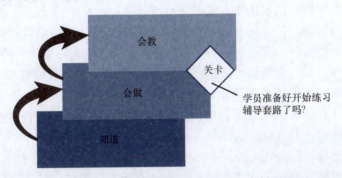

对于需要练习多少次才能掌握基本的教练技能，并没有通用的规则。我曾经看到一个原则说，教练最少要实践 60 次辅导循环，其中至少 20 次要有第二教练在旁观察。总之，成为能够辅导改善套路的教练，需要符合以下要求：

- 对改善套路的结构和原则都富有经验。
- 愿意实践和学习不同的管理方法，通过辅导和教授来管理下属，而不是直接告诉下属做什么。
- 愿意对学员正在改善的流程进行研究，以便给学员适当的反馈（教练辅导学员的时候，教练自己也能做）。
- 敏锐的观察力，具备技术和人际交往能力。
- 多听少讲。
- 真正关心学员的进步。
- 把辅导看成是共同进步和建立信任的过程。
- 把每个辅导循环视为一次尝试和改善他们辅导技能的试验。

辅导作为一种管理方式

组织中人们的思维方式、行为模式——其文化——都是管理方式的反映。在适应能力强的敏捷组织中，管理者的一个主要职责是培养人才，提升组织能

⊖ 一开始你可能没有教练的经验，参见第 3 章辅导"转换角色"是一种练习的途径。
⊖ 记住，当你开始辅导的时候，你也不能停止练习改善套路。你永远不能停止运用改善套路的方法，因为它是一种思维方式和工作方式。你目前的技能只是刚刚达到能够开始辅导他人的水平。

力，以共同迎接挑战。只有组织的管理者和主管们能够每天在工作中用辅导的方式与每位员工进行沟通交流。

事实上，对员工技能辅导是 21 世纪管理者的主要工作，而不是仅仅告诉员工做什么⊖。当管理者运用改善套路和辅导套路的时候，他们经常会被员工的成就震惊。一旦你体验到了这些，就不会回到老路上去了。

而且，跨组织各部门的教练和学员组合，作为管理系统，可以带来整个组织的一致性，改善进步和敬业度。更多内容参见《丰田套路文化》一书。

请意识到，成为有效的改善套路教练，成为 21 世纪有效的管理者，也应该有正确的态度。当你完成辅导循环后，记录下来你的感受。你是否感受到对其他人的重要性或能力，你有了特殊的荣誉和影响力，或者你是否感受到你是在一个大的团队中，和大家一起面对挑战和提升技能。

理想状态是在辅导他人的同时，你也处于一个与其他人相同的学习路径上。

通过练习辅导套路，你正在培养更多的改善套路教练，他们可以辅导更多的学员，你正在为组织的未来赋能。

⊖ 我们很想知道，教练能力是否会成为商业组织发展的一个因素，以及商学院的一个课题。

第 11 章

辅导循环概述

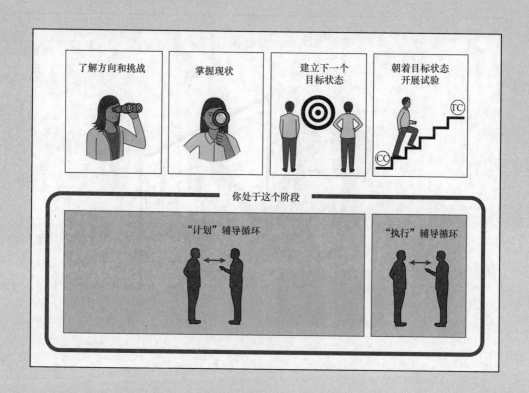

第 11 章 辅导循环概述

一种对话模式

辅导循环是帮助初学学员掌握改善套路的科学思维模式和初学教练练习辅导套路的最主要的学习和演练模式㊀。下面快速回顾一下。

一个辅导循环通常是通过教练向一位学员按顺序提问辅导套路的 5 个问题和学员基于学员故事板上的信息做出回应来完成。这项工作最好每天在预定的时间完成一次，根据需要还可以再临时增加次数，每次需要 20 分钟左右，本书副标题中给出的"20 分钟"就是指这个意思。辅导循环通常是在学员的故事板前开始，也是在这里结束㊁。

可以将每个辅导循环视为一个中场休息，用来帮助学员反思上一个步骤进行得如何，同时审核学员的下一步计划；如有必要，教练也可以反馈学员的实施步骤是否正确。通过这个过程，你（教练）正努力将学员的思维习惯提升到改善套路的科学思维模式所要求的轨道中。随着时间的推移，学员会锻炼出一种不断反思的思维方式。辅导循环有助于发现我们思维中的某些偏见或偏差，并通过马上试验来验证和纠正，这样我们就可以在这些思维方式固化之前，将其快速纠正。所以辅导循环的目的不在于学习"初学者套路"，而在于内化其背后的科学思维模式。

辅导循环不是一种自由形式的对话，也不是一种机械呆板的填空过程，更不是对学员的一种监督。但在初始阶段，辅导循环的结构化和重复性非常有助于建立你（教练）和学员之间的有效对话模式，从而帮助传授这种科学改善套路来实现预定的改善目标。下面重复一下第 2 章中的内容，辅导循环的目的是：

- 评估学员的思维模式现状，这有助于教练给出适当的反馈。
- 确定学员正在遇到的障碍和当前的知识门槛，并确保学员正在设计下一

㊀ 辅导套路和辅导循环在第 1 篇的第 2 章和第 3 章已经介绍过，在继续之前，你可能想重读一下。
㊁ 有些辅导循环也是由正在指导教练的"第二教练"来观察的，下一章会有解释。

个好的试验来进一步挖掘问题。

- 向学员提供程式性反馈，帮助学员在解决实际工作问题的过程中内化这种具有科学思维模式的改善套路。
- 了解所关注流程的当前状态（现状）。
- 指导教练和学员练习各自的行为模式，并不断提高各自的技能。

当然，辅导循环并不都是口头辅导，例如，教练还可以决定陪伴学员一起进行下一步试验，以便更深入地观察学员和（或）所关注的流程，并提供更实时的指导或帮助。在工作过程中，管理者可能与他们的学员有很多互动，并且所有这些互动都可以反映出辅导循环中强调的科学思维模式。从现在开始，请管理者每次和学员相处与互动时都能充满热情地带头去运用这种科学的改善套路模式，因为管理者的日常行为起着非常大的榜样作用，是创造有意识的科学思维文化的主要力量源泉。而辅导循环就是一种正式的、结构化的有效启航模式。

尝试安排每天的辅导循环

请给你的每个学员安排一个定期的辅导时间，而且最好在工作日的早些时候，以便学员可以尽可能地在当天就执行下一步。你每天要为每个学员至少完成一次辅导循环，这样安排可能是一项很大的挑战，但我们需要尽可能接近这个频率。你可能会认为每周有一两次就足够了，但这对开发掌握一项新技能并不适用。如果没有频繁的反思和反馈，初学者会自动倾向于留在现有习惯中，而不是走向"令人尴尬"的新模式。每天练习20分钟远比每周一次练习两小时更有效。

只要你开始逐步靠近这种模式，日常辅导就不应该成为一种负担。相反，辅导循环可以是一种有效和高效的管理方式，而且你应该能够在20分钟或更短的时间内完成大部分辅导循环。请记住，辅导循环仅用于评估学员的试验过程，而不是用于试验本身。学员是通过在两次辅导循环之间进行下一步（试验）来找出目前存在的知识瓶颈，而不是通过理论假设和辅导循环中的讨论。

如果你的辅导循环持续超过20分钟，这可能就表明你的辅导过程存在一定的缺陷。例如，新手教练有时会错误地让辅导循环陷入漫长的讨论中，或者加入太多的不同因素考量，从而把辅导变成了会议。在辅导循环中你所需要做的只是确定并批准学员的下一步试验而已。一旦学员和教练都清楚了下一步，而不是一系列步骤那么这个辅导循环就完成了。此时，学员可以去马上实施下一步，教练可以到下一个辅导循环去查看进展。只要你的辅导循环够频繁，让学员的下一步成为一个单一的小步骤是完全可以接受的。你可以通过这种方式实现令人惊讶的进展，这可以消除很多凭空猜测和无端臆想所花费的时间。

进行频繁的辅导循环和采取小步骤试验的另一个重要好处是,它给教练提供了让他的学员犯一些错误并从中吸取教训的余地,因为小错误是可以快速纠正的。刻意练习的一个关键方面就是我们可以很好地从我们的努力和错误中学习,因为它们显示了我们需要改进的地方,并且能调动我们的情绪。这些"教训时刻"是建设性反馈和推进学员实践的大好机会。而如果是不经常的辅导循环,初学学员往往会计划并采取太大的步骤,使得无法快速修正,回归正途。

辅导套路的 5 个问题

辅导循环中辅导套路的 5 个问题是一个严谨的初学者套路,为你的辅导循环提供了框架。一个完整的辅导循环是需要一步步探索这 5 个问题,并严格按照顺序来进行的。因为这 5 个问题是环环相扣的,也就是说每个问题都是前一个问题的子项。把它们想象成一个漏斗,从目标状态开始,然后基于目标状态来描述现状,再基于对现状的理解,来研究障碍;然后针对找到的障碍来设计制定下一步(下一个试验)。

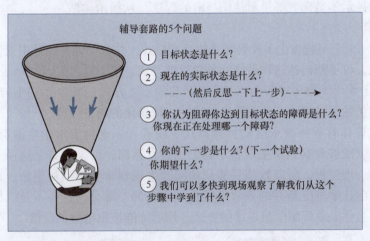

这 5 个问题是辅导循环的核心。它们就像 5 个大的问题类别,你可以在它们之间询问更多的澄清性问题。不管你在 5 个问题之间说了什么,一开始你应该按序问这 5 个问题,就像它们写在你的教练卡上一样,让总体框架模式深入其中,成为你和学员的对话习惯。例如,在每一个辅导循环开始时,你们都要"程式"化地先看目标状态,这可能显得重复和多余,但你现在就是要建立这种新模式——总是首先谈谈你要去的地方(目标状态),然后再谈谈当前状态,然后是再时障碍,等等,就是要固化这个科学路径。

新手教练常犯的错误是容易偏离辅导套路的 5 个问题。如果一个学员看到你偏离了 5 个问题的模式,他们也会倾向于这样做,很快你们都只是在强化当前的想法,而不是开发新的科学思维模式。当你刚开始使用 5 个问题脚本时,感到尴尬是完全正常的,但这不是一个偏离它的理由,而是一个积极的信号,表明你开始学习新东西了。相反,根据你的经验,可在 5 个问题之间合理添加你自己的"澄清问题"。后续会解释这方面的内容。

当你知道如何使用 5 个问题以及如何回应你所听到的答案时,这 5 个问题将发挥很大的效力。不过要小心,简单地问这些问题和一些详细的问题并不会让你成为专家教练。这 5 个问题的结构很容易学习,但需要足够的练习和时间来掌握其背后的精髓所在。随着你的教练技能的增长,你会开始更加科学的思考,增加正确的问题,最重要的是,能够耐心倾听学员的意见,并拥有提供有效反馈的方法。

对于辅导套路的 5 个问题有两个主要目的

作为一名教练,请了解在辅导循环中我们为什么要使用辅导套路的 5 个问题的科学模式:①强化了改善套路的科学模式,②提示学员向教练展示他们当前的想法,从而给出适当的反馈。

1)这 5 个问题强化了改善套路的标准模式。在每个辅导循环中重复相同的提问模式,可不断传达这种系统的科学思维方式。

2)这 5 个问题可以帮助探测学员目前的思维方式。当学员在回应时,你可以听出学员的思维模式,从而给出具体的、情景化的纠正反馈。

这就像体育教练要求运动员挥舞几下或者音乐老师要求学生演奏几小节,以便他们就能够观察到学生现在学得怎么样。然而,由于改善套路模式是一个看不见的心理过程,所以教练只能依赖问题来观察学员目前的想法。在每个辅导循环之前让学员更新并准备故事板也是重要的一部分。这并不是说你不相信学员,而是你必须理解学员思维的方式,然后才能给出准确的反馈。

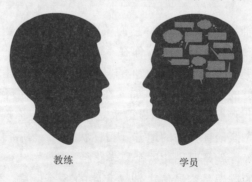

教练　　　　　学员

为了达到这些目的，一定要学会适当时候停止说话——暂停，倾听你的学员说什么。一个常见的错误就是教练过早地得出结论，给出答案，而不是等待看到学员自己得出结论，找到答案。不过初学教练的这些做法通常也是可以理解的，因为他们往往专注于能快点问完这 5 个问题，而没有足够重视学员所说的内容，以及是否符合改善套路模式的意图。这个问题应该随着不断实践而改善和消失，那时 5 个问题的提问对你来说已经变得习惯化，并且你能够自然地更多地关注学员的反应。要尝试在其他时间也使用这些问题来频繁练习，例如在会议中，而不仅仅是在辅导循环中。

教练使用的辅导模式如下：
1）提出问题。
2）倾听。停下来，保持安静。
3）比较。比较学员的反应与期望的思维模式（改善套路的"轨道"）。
4）指导。如有必要，对学员的做法进行调整。

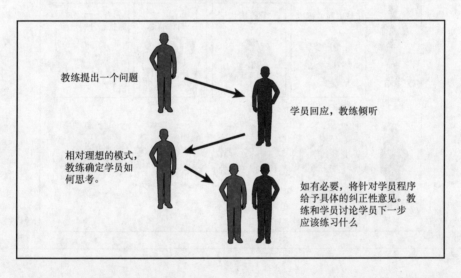

这里有一个辅导套路练习者 Michael Lombard 的故事：作为一名新手教练，我会逐字逐句地提出这些问题，但最初我过于关注那些问题，以至于我并没有认真去听学员的回答。那时我的第二教练告诉我："在回顾学员如何回答你的问题时，好好看看答案。你还需要他们分享什么细节，才能有助于探究这里真正发生的情况？"我的第二教练会引导我放慢速度。我那时的处理和反应是刻意而缓慢的，所以我需要放慢提问的速度，让自己有时间能考虑当前情况下的可能答案。随着我的经验越来越丰富，那些主要问题仍然是我的套路，但我可以更自由地扩展需要的问题。

普遍问题

改善套路的所有 4 个步骤实际上都可以使用辅导套路的 5 个问题格式。这些问题在步骤 4 中看起来相当合理——改善套路的执行阶段,但在早期规划阶段使用它们可能会更难一些。这样考虑:当学员通过改善套路的 4 个步骤时,目标状态的性质会发生变化,如下图所示,但是每个步骤的教练模式基本保持不变:审查学员的下一步确定他们目前的知识门槛,并确保学员计划的下一步将会引导学习。

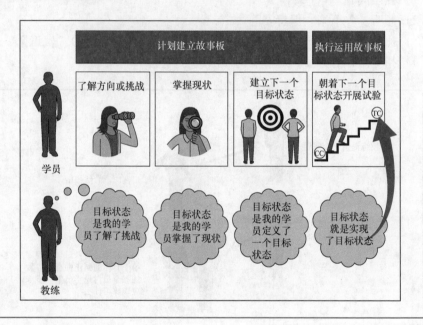

提出澄清性问题

现在你应该看到教练套路不仅仅是要问这 5 个问题,而是要了解学员是如何思考的。在这 5 个问题之后,你还可以问一些澄清性的问题,以引发或探究学员的思维过程,获得更详细的信息,并帮助确定当前的知识门槛。在这 5 个问题之间,教练可以把自己的经验和改善套路融合,因此教练应该可以看到学员做得对还是不对。

你的澄清性问题应与你最近提出的 5 个问题之一相关,以寻求与该问题类别相关的更多细节。在下一章中有几个澄清性问题的例子。

第 11 章 辅导循环概述

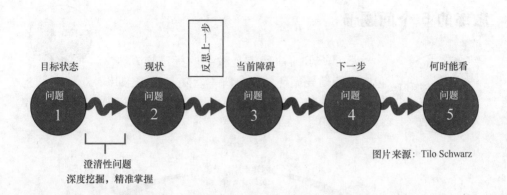

图片来源：Tilo Schwarz

你的辅导循环的持续时间将趋于稳定，辅导的复杂性将逐渐降低。在一些辅导循环中，可能会要问几个问题和多次调整才能让学员的练习回到正轨，但有时辅导循环只是一个快速检查。随着学员和教练的经验积累，5 个问题的辅导循环往往可以很快。然而，每当有一个薄弱环节——学员不能准确回答数据中的 5 个主要问题之一时，教练应该添加一些开放式的澄清性问题，以进行更深入和更详细的考虑和回应。这往往显示出学员当前的知识门槛，也是显露下一步要做什么的时刻，特别是如果学员在没有证据的情况下推出某种结论时。

封闭式问题是那些可以通过简单的"是"或"否"来回答的问题，例如"你确定吗？"，并且不会给你提供关于学员思维的很多信息。开放式问题需要更多思考，而不仅仅是一个单词的答案，通常以"如何""什么""请描述一下""请告诉我更多关于……""你怎么看""究竟发生了什么""你怎么知道的"等开头，你也可以使用普遍的澄清性声明："请给我看"。

一个封闭式问题的例子是"你有没有给关注的流程测量几个退出周期？"，而一个开放式问题是"你能告诉我关于关注流程的最新数据吗？"另外，要小心问你的学员"为什么？"，因为使用这个词很容易感到对抗性而不是建设性，特别是如果你反复这样提问的话。澄清性问题通常会更好，通常以"请告诉我关于……""你能给我看一下吗？"开头。

教练的 5 个问题卡

下面所示的袖珍卡是教练的标准启动卡,包含进行辅导循环的基本脚本。随身携带卡片作为参考,随时准备好进行指导。5 个问题系统、科学的模式整天都有用[1]。

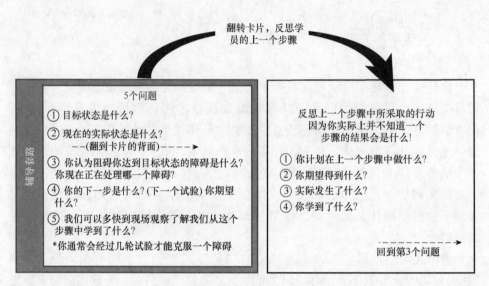

在每个辅导循环中,将卡片放在你的手中,并按顺序依次询问卡片正面和背面的所有问题。学员也应该有一张 5 个问题卡,因为这些问题并不意外,而是学员正在练习的一种模式。许多学员在他们的故事板上发布了 5 个问题,作为辅导循环中预期的提示。

首先严格使用这里显示的 5 个问题卡片。只要你习惯了卡片上的内容,你可以根据你的第二教练的经验和建议开始添加澄清性问题。做到这一点的一种方法是给自己准备一张如下所示的折叠问题卡。这张折叠问题卡的大小仍然可装在你的口袋里,但在展开的右侧应有空间来添加笔记和你正在试验的一些问题。这里显示的示例折叠卡上的注释和澄清性问题可以给你一些启发。

---

[1] 这 5 个问题卡的完整模板请见附录。

第 11 章 辅导循环概述

辅导套路的5个问题	你自己的笔记和澄清问题
① 目标状态是什么?	• 目标状态是否与挑战相关联?• 你想要发生什么? • 没有动词!• 可衡量的?• 不是"缺少某些东西" • 实现时间?
② 现在的实际情况是什么?	• 数字,而不是意见。• 能给我看看吗? • 你怎么知道的?• 你是如何获取数据的? • 是否有运行图?
反思 你之前是怎么计划你的上一步的?	• 正在测试什么? • 是否填写了PDCA记录?
你之前的期望是什么?	• 这是写下来的吗?• 读它!
实际上发生了什么?	• 只有事实和数字。• 数字是否写下来? • 是否有运行图?• 与预期有什么不同?
你学到了什么?	• 学员真地对此进行反思了吗?
③ 你认为阻碍你达到目标状态的障碍是什么? 你现在正在处理哪一个障碍?	• 究竟是什么问题? • 真正的障碍(变化),而不是行动项目缺乏可感知的解决方案。 • 这个问题发生在哪里?• 能给我看看吗? • 此问题何时发生的?
④ 你的下一步是什么?(下一个试验) 你期望什么?	• 当前的知识门槛是什么? • 在上一个试验中学到了什么? • 期望是否被写下来了?• 请读一读它。 • 你期望得到什么样的数字结果? • 你将如何衡量它? • 你打算测量多少个周期?
⑤ 我们可以多快到现场观察了解我们从这个步骤中学到了什么?	• 努力实现便宜和快速的试验 • 我们今天可以运行这个试验吗?马上? • 下一个辅导周期是什么时候? • 如有必要陪伴学员。

卡片可以从这里折叠

为什么在教练卡上有 5 个以上的问题时我们还是称为"5 个问题法"?

在我们进行 IK/CK 试验的早期,以下 5 个问题按照下列顺序提出,作为一个有用的框架,以帮助实践更多的科学思维和行为:

1. 我们想要实现什么?
2. 我们现在在哪里?
3. 目前我们的方式是什么?
4. 我们的下一个试验是什么,我们对它有什么期望?
5. 我们什么时候可以看到从采取的这一步骤中学到了什么?

在我们持续开发，试验和完善这款初学套路的过程中，还不断增加了一些次要问题和卡背面的反思问题。但是那时候，"5 个问题法"的名称已经成为 IK/CK（改善套路/辅导套路）术语的基础定义。

学员的故事板

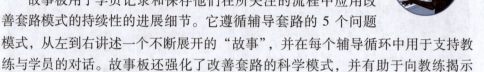

故事板用于学员记录和保存他们在所关注的流程中应用改善套路模式的持续性的进展细节。它遵循辅导套路的 5 个问题模式，从左到右讲述一个不断展开的"故事"，并在每个辅导循环中用于支持教练与学员的对话。故事板还强化了改善套路的科学模式，并有助于向教练揭示学员当前的想法。

每个关注的流程都应该有自己的故事板。如果学员正在研究多个关注的流程，将有多个故事板。如果可能，每个故事板应该位于所关注流程的附近，以便你可以选择在辅导循环内去看所关注的流程。

由于故事板是一个初学者套路，因此你的学员应该从这里和附录中显示的故事板的标准布局开始。这种通用格式也使你更容易与多个学员交流。随着时间的推移，一个组织的故事板格式可能会随着你的环境而变化，但如果你在整个组织中保持或多或少的标准故事板格式（无论它是什么），那么指导和沟通将会更容易些。

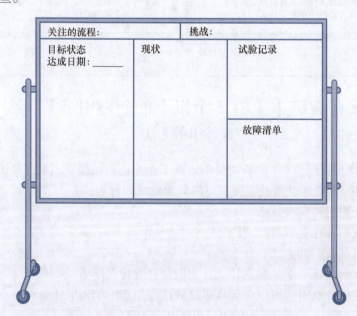

小贴士

使用学员故事板的关键点

- 学员拥有故事板,并应更新它,而不是由教练去做。
- 学员知道教练将要问的 5 个主要问题,并在辅导循环之前以书面形式准备故事板上的最新信息。这有助于教练了解学员是如何思考的,而不至于在过程中出现偏差,也避免了学员对教练产生"告诉我该怎么做"的依赖。学员必须独立思考如何在每个辅导循环之前准备故事板上的信息。
- 对于辅导循环,教练将前往学员故事板所在的位置。学员和教练在每个辅导循环中都会参考故事板。
- 在改善套路的"规划"阶段,学员一次建立并填充故事板的一个问题板块。在"执行"阶段,学员可以利用整个故事板。
- 针对每个教练套路问题,学员应该:

  ◎ 指出故事板上写的内容。这就把问题与学员清晰、具体和理想的基于数据的回答联系起来。

  ◎ 首先,只需阅读故事板上写的内容,然后等待教练。这样可以防止学员口头形成临时答案,帮助教练确定学员的思维方式,并教导学员在辅导循环之前以书面形式准备信息。

  学员可能会纠结于他们是在机械地阅读他们在故事板上写的内容,而不是来很好地讨论整个故事。阅读看起来似乎过于机械,然而,当你习惯它时,你会发现这样做可以避免压倒性的、冗长的解释,并且将辅导循环推到问题的核心,保持简短,专注于事实和数据,并揭示缺少的东西。具体而言,这种做法有助于突出当前最重要的知识门槛,而不是掩盖它。如果有些信息不在故事板上,它就很容易被口头上的意见和猜测所覆盖。所以如果一个信息很重要,它应该在故事板上。

- 让学员保持他们的故事板整洁,以经过深思熟虑的、易于理解的方式记录数据和细节。维护故事板是培养学员对其改善套路练习的主人翁意识的一部分。
- 故事板上的细节有时可能需要根据教练的反馈进行调整。你通常可以让学员在辅导循环内立即这么做。但是,不要让学员根据假设改变某些东西。

在这种情况下,学员应该尝试在辅导循环后获得所需的事实和数据,并在下一个辅导循环前更新故事板。也许这将成为学员的下一步。

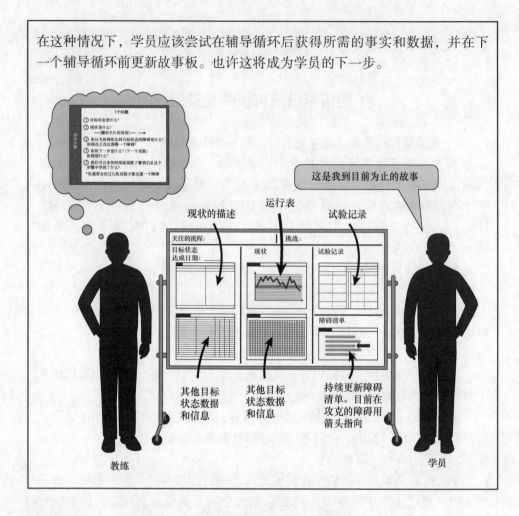

重要提示:注意每个辅导循环的知识门槛

"知识门槛"是科学思考的一个重要方面,它出现在本书的所有三个部分。知识门槛是我们没有充分的事实和数据的点,并开始假设。几乎在每个辅导循环中,学员都有一个当前的知识门槛,这与学员试图克服的障碍有关。

寻找知识门槛是辅导循环的关键部分,因为这有助于你和学员了解学员的下一步应该是什么。在这方面考虑一个好的辅导问题是,"我们接下来需要学习什么?"

第 11 章　辅导循环概述

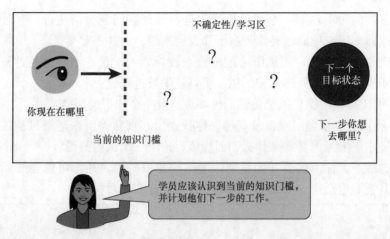

识别当前的知识门槛可能会非常棘手,因为初学学员自然希望回答你的问题,而不是说:"我不知道"。理想情况下,你希望学员说:"我们现在正处于一个知识门槛。目前我还不知道答案,我也不想急于下结论。下面是我打算采取的下一步(试验),以帮助我获得我们需要了解更多的事实和数据。"

你可以通过这样的方式来鼓励这种想法:"如果你不知道,这不是问题,请告诉我你打算如何解决它",或者,"我们怎么才能找到答案?"科学思维取决于能否承认我们不知道的东西,这样我们就知道接下来要试验什么。

由于学员可能会犹豫地说:"我不知道",这时教练通常会注意到学员的反应不够准确,表现为一般性推测、假设、主观意见或猜测等,从而发现知识门槛。作为一名教练,你应该要注意仔细听。当学员进行以下任何一项操作时,可能表明他(她)已碰到知识门槛。这些指标是当前关注的焦点,提出一些澄清的问题,并鼓励学员去看,去测量,去深入挖掘或进行试验:

- 学员使用这些词:我认为、可能、或许、也许、很可能、平均,90% 的时间……
- 学员说:"让我们减少 / 增加 50%。"(当我们缺少具体的计算数字时,50% 的"猜测"是典型的回答。)
- 学员提到过时的数据。
- 学员似乎过于自信,比如说,他认为某个情况一定是对的,然后又说不出任何理由。
- 学员提到没有硬数据支持的传闻。

在 5 个问题的辅导循环对话中的任何时候,你都可能意识到学员的知识门槛,并且在那个阶段,学员的下一步通常需要获得与该障碍相关的更多事实和数据。与其带着假设和意见继续进行辅导循环,不如直接进入问题 4,确认下一步做什么。不要让辅导循环阻碍学习进程。停下来,让学员尽快采取这一步骤,并利用学到的知识在下一个辅导循环中进一步观察问题。请注意,有时可能需要学员返回去研究他们已经认为自己知道的东西,这并不罕见。

关键是你(教练)正试图通过试验来教导你的学员,而不是通过猜测。你可以以积极的精神来处理知识门槛,可以让学员这样做:

- 承认知识门槛!一个关键的进展总是有一个知识的门槛。
- 利用这个知识门槛!恭喜你,你找到了。现在停下来进行试验。不要在辅导循环中仔细考虑答案是什么,而应该讨论下一个试验的设计。

通过练习,你不仅会开始看到你周围的知识门槛,甚至可能会开始享受它们,将其视为生活中一个迷人的部分,并帮助你实现目标。

牢记这些要点

☐ 总是有一个知识门槛。

☐ 在你养成这种习惯之前,很难承认知识门槛,因为我们的大脑往往会跳过知识门槛,我们不想承认我们不知道。

☐ 知识门槛是有用的。这正是学员在努力寻找下一个目标状态时所要寻找的,因为它揭示了接下来需要调查和研究的内容。

☐ 这5个问题是嵌套的,每个问题都是前一个问题的一个子集。如果一个问题没有得到很好的回答,那么后面的问题也不会得到很好的回答。一旦你找到了学员的知识门槛,不要害怕打破这5个问题的顺序,帮助学员计划他们的下一步。

☐ 迈出一步,你就能越过知识门槛,而不是光说不做。

示例:在辅导循环中查找知识门槛
Tilo Schwarz 的案例

教练蒂娜和学员丹正处于辅导循环中。丹正在研究在装配过程中损坏垫圈的问题。在开始辅导循环并询问目标状态和现状后,蒂娜将她的5张问题卡翻到背面,反思丹的最后一步。在接下来的对话摘录中,请注意教练蒂娜如何使用一些明确的问题来揭示知识的门槛,然后为学员丹的思考提供输入。

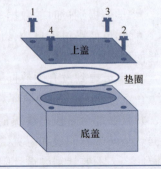

"你的上一步本来计划做什么？"

我想分析由于垫圈损坏而需要返工的设备。

"你期望得到什么？"

我期望知道是什么原因导致垫圈的损坏。

"实际什么情况？"

我注意到垫圈的损坏总是在 3 号螺钉孔处。

蒂娜在问卡片背面的反思问题

"你学到了什么？"

我认为安装 3 号螺钉时会发生损坏。

蒂娜注意到丹不确定的语言，并认为："啊哈，这种回应表明了知识门槛。我们实际上还没有知道根本原因。"她将卡片翻转回到正面，在要求丹重申当前的障碍之后，她问道："你的下一步是什么？"

去告诫操作员当他们将螺钉安装到 3 号孔中时要小心。

然后蒂娜探讨了一些澄清性的问题："当垫圈被损坏时实际发生了什么？3 号螺钉究竟是如何造成这个问题的？"

我不确定。

"那么你认为你的下一步应该是什么？"

嗯，我应该去观察安装螺钉的过程。

"你期望什么？"

确定垫圈损坏的根本原因。

结语：丹后来发现 3 号螺钉孔处的垫圈损坏是因为有时当插入 1 号螺钉时，它会将垫圈撞离正确的位置。根本原因可能与 1 号螺钉发生了什么有关，而不是 3 号螺钉。

不要接管问题的解决，要帮助学员练习解决问题的过程

在辅导循环中，教练提问不是为了引导学员找到特定的解决方案（尽管对初学学员来说可能有这种感觉），而是指导学员学习的过程。教练不应该直接指导学员的工作。这源于学员的试验过程，教练和学员都不知道到底哪些步骤会

导致目标状态的出现。但是，一旦你听取了学员的回答，你就可以指导学员的下一步操作。

初学者教练，特别是如果他们是学员的老板，可能会在"教练"和"告诉学员该做什么"之间挣扎。要解决问题或提出问题很难避免引导学员走向你的先入为主的想法。请始终记住，教练套路的重点是让学员为自己科学地进行思考，帮助学员进一步意识到他们解决问题的方式不是一个合理的科学过程，但千万不要接管他们的问题解决。提出开放式问题以了解学员的思维方式，然后就学员的具体行动步骤提供反馈，以帮助学员进入改善套路思维和练习走廊。如果你提出的问题是为了引导学员了解你对解决方案的想法，请停止。但是你可以而且应该和学员讨论下一步试验的内容和程序，但这不是解决方案，而是开发解决方案的一段过程。

鼓励的作用

由于学员的改善套路练习发生在现场，而不是在课堂上，因此它自然会遇到挫折和停滞。我们喜欢说"持续改进"，或者画一个通往下一个目标状态的阶梯，但这不是真正的工作方式。你和你的学员应该每天练习，但是你可能不会每天都有进步。另外，当我们练习一套新的技能时，我们应该感到不舒服，因为我们正在编织新的神经通路。在我们的学习区练习有时会感到尴尬、缓慢、不自然、僵硬、不舒服和困难。

所有这些都需要鼓励，"做得对"，是指导的重要组成部分。对于初学者来说，定期感觉到他（她）正在成功地接近目标状态，并在改善套路方面变得更好，从而获得激励是特别重要的。如果你的学员没有定期得到这种感觉，那么你作为教练应该调整一下。

一个关键是要给予具体的赞扬，强调新的学习和成长，而不仅仅是努力。你可能会说："你还没到那一步，但你走上了正轨"，或者"看看你的工作比两个月前有什么变化。很显然，你已经开窍了。"（小心，你可能会不经意间给人留下印象，你知道解决方案，但却对其保密）。随着每一次胜利克服目标状态的障碍，学员对他们可以完成某些事情的感觉就会增强，就会变得更有动力去追求困难的目标，并且更加确信他们将能够实现目标。

学习调整你的教练方法

作为一名改善套路教练，你的主要职责之一是了解学员下一步准备做什么，并相应地调整你的反馈意见。不要以为每个学员都会以同样的方式或同样的速度来学习。

学员应该内化入门套路的模式，但套路练习的结构化方面可能让教练难以应付。你和学员如何坚持练习脚本而不过于机械？这是一个平衡的行为。教练应该学会感知学员何时需要严格的结构，何时应该进行更自由流畅的对话。随着你技能的提高，你的教练反馈的性质可以从紧密的指导到宽松的咨询，视具体情况而定。

尽管掌握初学者套路的模式非常重要，但通常需要根据学员所说的内容来调整你的表达方式。试着让学员所说的话拉动你的反应，而不是你提前决定什么是最佳的行动方式。当然你仍然必须教授初学者套路的模式，但你的授课方式可以调整。

例如，你可以在脑海中列出辅导套路的 5 个问题清单，并确保你在一个辅导循环中以某种方式得到所有问题的答案。你应该对你正在教的模式保持坚决的态度，但你可以对学员更柔和，更有适应性。当然，你应该区分学员是真的难以适应练习套路的结构化方法，还是只是练习各种新技能模式时的正常不适。在刚开始的阶段，或有疑问时，还请坚持使用"套路"。

教练的笔记本

许多教练使用辅导循环笔记本来记录他们在辅导循环中的关键问题，作为下一个辅导循环对学员的提醒，并帮助他们改进自己的辅导练习。当你指导多个学员时，某种笔记本可能是必需的。以下是一些可以在你的辅导笔记本上记录的内容：

- 学员的姓名。
- 辅导循环日期。
- 开始和结束的时间。
- 关注的流程。
- 学员的下一步计划。
- 学员练习的印象。
- 给予学员的反馈。
- 给自己留意一下：我自己需要什么练习来做接下来的工作？

第二教练的角色和活动

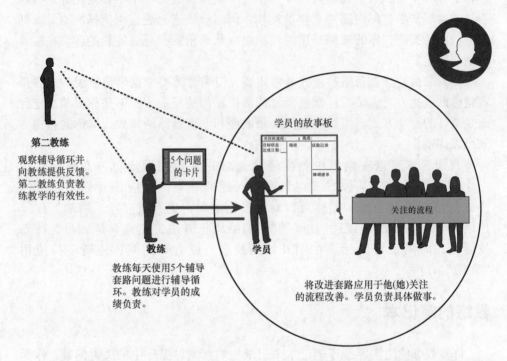

如果学员没有学习改善套路或者一直没有达到他们的目标状态，那么问题通常在于辅导。辅导套路的 5 个问题的表面简单性使得辅导看起来比现在更容易，但需要练习和反馈才能掌握辅导套路的模式和意图。这是第二位向你提供反馈的教练。

如前所述，辅导循环不仅仅是向学员教授改善套路模式和思维的论坛，也是一个让你练习和实践教练技能的论坛。当然，为了使这种练习有效，应该有人来观察你并提供反馈意见——"教练的教练"。第二教练通过观察你的辅导循环来做到这一点，以掌握你当前的辅导情况，并在辅导循环后向你提供反馈。让第二教练定期观察你的辅导循环对于你提高有效的教练技能至关重要。

第二教练：观察辅导循环

良好的反馈需要良好的观察，第二教练应该在观察辅导循环的同时做笔记。第二教练可以为此目的制作观察表格，例如下面的示例。不过要保持简单，因为在辅导循环中记笔记必须快速。一开始用一张白纸就可以了。

辅导循环观察		流程：	
		日期：	
教练：		学员：	开始/结束：
问题	教练		学员
审核挑战			
Q1：目标状态？			
Q2：现在的实际状态？			
反思：试验记录			
Q3：共几个障碍？现在攻哪个？			
Q4：下一步是什么？试验记录			
Q5：什么时候可以看到你学到了什么？			
什么是你的知识门槛？		其他印象：	
这个教练下次要着重辅导的地方：		下一个辅导循环的时间：	

第二教练在观察期间寻找的一些要点是：

- 辅导循环内的对话是否遵循辅导套路的 5 个问题的标题形式？
- 学员的知识门槛在哪里？弱点是什么？教练看到了吗？
- 学员在哪里未遵循改善套路？教练看到了吗？
- 对话在哪里会变得没有条理？
- 教练注意到了什么，没有注意到什么？

典型的辅导误区		
教练问的问题	可能危害	应对措施
① 非开放性问题	答案是简单的是或不是吗	用"什么""怎样"或"告诉我更多关于……"来开始提问
② 提示结果的问题	建议伪装成一个问题	拓宽问题
③ 修辞问题	教练把自己的意见以问题形式提出	不要抱着评判的态度，而是要提出澄清性问题
④ 引导性问题	教练指出学员已经想到了解决方案	指导学员了解流程，而不是解决方案
⑤ 未中断学员	太胆小，无法打断并重新对话	插入一个问题，让辅导循环回到关注的点上
⑥ 打断太多	在学员正在讲话时评论	请在学员结束说话停顿 2 秒后再进行点评
⑦ 对抗性"为什么"的问题	似乎挑战学员的动机和行为	用"什么"或"告诉我更多关于……"的意思

有时候，如果第二教练记录辅导循环每一步的时间，这可以帮助说明辅导的节奏和效果。例如，一旦教练和学员有了一些练习，他们就目标情况和实际情况（教练套路问题1和2）进行交流时应该很短，而关于障碍的对话（问题3）和下一步（问题4）通常需要更长时间。

像第一位教练一样，第二位教练应该也可以保留笔记本观察到的辅导周期，以保持给教练的观察和反馈的参考记录。一个简单的方法就是在活页夹中保存完整的辅导循环观察表格以及其他注释。

第二教练：在辅导循环后向教练提供反馈

有些教练更愿意私下接受第二教练的反馈，而另一些教练则喜欢让他们的学员也参与其中[⊖]。请注意，由于学员、教练和第二教练可能存在汇报关系，因此将学员"打发"走可能会给人留下第一教练和第二教练将会谈论学员的印象。要向学员解释他离开后你正在做什么。另外请注意，第二教练没有给学员提供反馈的责任。

通常第二教练将其反馈分为三部分：

1) 首先询问教练对刚刚发生的辅导循环的印象。
- ◎ 从你的角度来看，对话如何？
- ◎ 学员的知识门槛在哪里？
- ◎ 在这个辅导循环中你的关注点是什么？
- ◎ 学员不遵循改善套路模式的地方在哪里？
- ◎ 你认为对话很困难的地方在哪里？
- ◎ 在这个学员的下一个辅导循环中，你想特别注意什么？
- ◎ 你希望这将如何影响学员？
- ◎ 如果在这个辅导循环中你可以重新做一件事，你会改变什么？

2) 然后提供你的反馈，例如采用以下模式。不要让教练超负荷；选择一个或两个关键点让教练考虑下一步练习。
- ◎ "我观察到了……"（你所做的具体观察）
- ◎ "我认为这会导致……"
- ◎ "从我的角度来看，你可能会……"（具体建议，教练可以在下一个辅导周期进行练习）

3) 确认再去观察教练下一个辅导循环的日期和时间。初学者的改善套路教练应该每天练习辅导循环，每次都有第二教练在旁观察并给纠正性反馈。

展望未来

本章提供了许多关于指导改善套路的概念性信息。不要担心，这些套路会

⊖ 有些练习者更喜欢让第二教练在学员面前给教练即时的反馈，以便所有人都能克服作为初学者的不适感。

第 11 章 辅导循环概述

在实践中落实到位，我们将在下一章中进行说明。下一章我们将通过一个实例来演示辅导套路的 5 个问题，仔细研究辅导循环的每一步怎么走。

为了总结辅导循环概述这一章，将辅导循环的诀窍汇总如下。

小贴士

辅导循环内该做和不该做的

该做的

安排每日辅导循环

在一天的早些时候进行学员的第一个辅导循环，这样学员就可以在当天进行下一个步骤（下一个试验）

按照以下 5 个问题系统地进行：

1）确定学员是否在改善套路的走廊（模式）内运行。

2）确定当前的知识门槛。

3）站在学员故事板前问 5 个问题。

4）让学员在讲话时指向故事板上的项目。

5）让学员在辅导循环之前重新计算并绘制过程指标图。

记住，问题 5 是关于找出你正在学习的内容。

当下一步（下一个试验）和期望值写在学员的试验记录上时，结束辅导循环。

不该做的

1）仅在不经常、不定期或"有时间"的情况下进行辅导循环。

2）在接近一天结束时进行第一个辅导循环。

3）允许非结构化、随意、无组织的讨论。

4）询问问题，以审核学员是否按照他们所说的去做。

5）提出问题，让学员实施你预想的解决方案。

6）根据假设开展工作

7）在你的办公室进行辅导循环。

8）只是谈谈。

9）使用旧的当前状态数据。

10）问问题 5 意思是"你什么时候能完成？"

在学员的下一个试验确定后，继续讨论可能性并添加"行动项目"。（对于新手教练的常见错误，每个辅导循环可能只会产生一个很小的下一步，这是正常的，就是这些步骤的快速积累，使你和学员达到了目标状态）。

第 12 章

如何完成一个辅导循环——实战演示

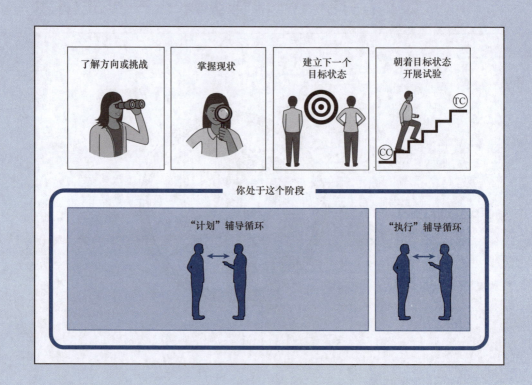

第 12 章 如何完成一个辅导循环——实战演示

本章将具体介绍如何完成一个辅导循环。①通过一个范例来演示整个过程；②按辅导套路 5 个问题的顺序回顾一个辅导循环中的每一步。（本章中的范例来自改善套路的"执行"阶段。）本章包含以下内容。

规范

要点

澄清性问题举例

可能的问题

在每一个辅导循环结束后，你应该回顾一下你这次做得怎么样，并确定在下一个辅导循环中你的辅导重点。来自第二教练的反馈在这方面是非常宝贵的。然而，学习任何技能最有效的方法还是要认定这是你个人想要提高改进的东西。从辅导学员来说，动力来自于你真正想帮助学员成功地开发和应用他们自己的科学思维，给你的学员赋予动力。

作为教练的总体目标：给学员提供有用的反馈

让我们在开始时就明确要达到的目的。辅导循环的目的是回顾学员对改善套路的实践，并在必要时对学员的过程给予有用的反馈。你的反馈也可能会有一些内容上的特征，但绝对不会给出解决方案。例如，你可能会向学员展示如何制作流程图或如何安排故事板上的信息。

反馈通常是在你和学员之间，以及你和学员希望在场的其他人之间进行交流。在某些辅导循环中，你的第二教练也会在场，但这个人是在观察你的教练模式。第二教练不会给学员提供反馈。

辅导循环的流程和要素是结构化的，但对学员的反馈依赖于情境，在不同的辅导循环中可能是不同的，对不同的学员也可能是不同的。当你不断提高你的辅导技巧，你的反馈会变得越来越好。作为教练，你的任务是保证学员在改善套路的科学思考和行为走廊中行进，并根据需要给予修正，让学员回到规定"模式"进行练习。你的反馈应该是基于观察的，应该是具体的，并且应该与学员正在做或未做的事有关，而不是与学员的个体特征或个性有关（这与学员自身无关）。你的反馈可以是强化性的，也可以是纠正性的。

- 加强性反馈赞扬做得好的练习，并鼓励学员继续加强这一行为。要具体说明什么是好的，为什么。
- 纠正性反馈指出了学员练习中应该修改的地方，以避免养成坏习惯，并为学员如何修改练习提供具体建议。

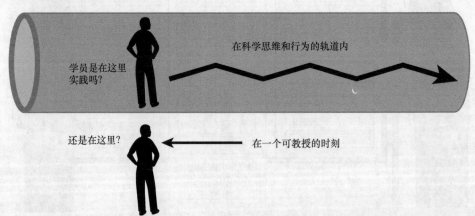

你会发现，在辅导循环中有两类反馈：一类是小的、快速的反馈，包括对辅导循环对话本身的小调整；另一类是与学员的下一步有关的前瞻性反馈。

这两类反馈都可以在一个辅导循环中给出，而且经常如此，尤其是对初学者来说。

1) 针对学员对于辅导套路的 5 个问题的回复情况给予小的、即时的纠正性输入。

这是一种"暂停和修复"性反馈，可以在辅导循环中随时进行，用于立即纠正学员在辅导循环内正在说或做的不科学的方面。就像在音乐教学中一样，重要的是不要犯错误和养成不良习惯。当你发现不科学的或不符合改善套路模式的思维或行为时，应暂停辅导循环，以对学员的反应方式进行调整。

在你中断了这样的辅导循环之后，要立即回到你上一个辅导套路问题并在那里重新开始，来重新演练有问题的部分，有时甚至要回到辅导循环的开始。这种来自音乐练习中的"让我们重新开始"的技巧有助于内化所需的思维模式。但是，暂停和中断辅导循环可能会过度，因此请选择优先级。还要注意，暂停和重新开始不应该是惩罚性的。你应该给它一种友善的、关心的和简单的"哦，让我们现在解决这个问题"的感觉。

2) 对学员下一步的反馈。

这是辅导循环中的主要反馈和调整，通常是在知识门槛处完成的。一旦你和学员认识到当前的知识门槛，无论你在辅导循环中的哪个阶段，你通常都会直接进入问题 4，讨论学员提出的下一步计划，以帮助他们超越这一点。不要在这里重复学员的评论和活动。只要专注于他们的下一步，以及你想让他们练习什么。你明天会回来的。

一个有趣的替代策略是有时不纠正学员对下一步的计划，即使它包含你看到的错误，而是让学员犯错，让经验成为老师。当学员的下一步所付出的代价是小的、相对无害的和快速的时候，这是最好的。你必须根据具体情况决定在什么场合下使用此方法。

在提供反馈时，一定要：①具体清楚地说明你所观察到的情况，即学员正在做什么或没有做什么；②提供具体的、有目的的指导，告诉学员能够或应该怎么做会更好。不要隐瞒你的反馈意见的理由，只给出正确的反馈意见，最好也能说出你给出这些反馈的理由。

<u>反馈太模糊</u>

"你应该更加详细地掌握当前的情况。"

"你需要更多的思考。"

<u>好的，详细的反馈</u>

"基于 30 个周期的时间制作运行图可以帮助你更详细地了解当前的状况。"

"你怎么能确定这种模式在两个班次都成立？"

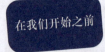

这些问题是你辅导循环中主要询问的问题

辅导套路的5个问题

① 目标状态是什么?

② 现在的实际状态是什么?
———(然后反思一下上一步)———

③ 你认为阻碍你达到目标状态的障碍是什么?
你现在正在处理哪一个障碍?

④ 你的下一步是什么?(下一个试验)
你期望什么?

⑤ 我们可以多快到现场观察了解我们从这个步骤中学到了什么?

框架:你正在构建和锚定辅导循环的对话通道。

反思:你正在审查学员的下一步。

重点:你正在确认学员正在努力攻克的当前障碍。

下一个试验:根据从上一步中学到的知识,你正在帮助学员设计跨过知识门槛的下一步行动。

下一个辅导循环:你同意下一个试验的完成时间、下一个辅导循环的时间以及学员应该准备的信息。

小贴士

给新手教练	给新手学员
• 坚持 5 个问题的顺序。 • 不要跳过问题。 • 在辅导循环中,将五张问题卡片放在手中,一次一个询问卡片正面和背面的所有问题。 • 倾听你的学员的回应。 • 在卡片问题之间只提出简单的、开放式的澄清性问题。 • 找出当前的知识门槛,并确认学员正在准备进行的下一个试验。	• 你只需要回答问题。没有必要详细说明,除非你被问到。 • 当你回应时,使用你的故事板……指着读! • 辅导循环其实很简单。

第 12 章 如何完成一个辅导循环——实战演示

当你读这个辅导循环的对话以及教练和第二教练之间的谈话时,你可以看看在这个辅导循环中,有哪些地方还做得不太好。

学员:丹
教练:蒂娜(教练学员)
第二教练:罗恩(教练的教练)

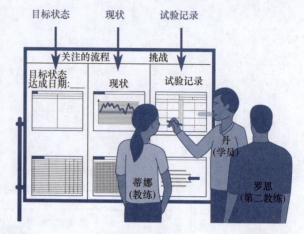

罗恩正在前往销售部门,作为第二教练,他将观察蒂娜的几个辅导循环。途中,罗恩想了想要去看什么。在他的前几次辅导循环观察中,他发现很难看到教练/学员的有效对话并同时进行问题思考。出于这个原因,他这次整理了一系列观察提示,并开始自己进行心理评估:

- 对话是否遵循了 5 个问题模式?
- 在这个辅导循环中,学员的知识门槛在哪里?
- 弱点是什么?
- 学员在哪里不遵循改善套路?
- 对话在哪里变得非结构化?
- 教练注意到了什么,没有注意到什么?

教练蒂娜迎接罗恩,其实前几分钟他们刚见过,"感谢您抽出时间来指导我的辅导练习。我下一个要辅导的学员是丹,他正在努力缩短处理销售合同的准备时间。蒂娜和罗恩一起走向丹的故事板。

蒂娜和丹的辅导循环

蒂娜:"早上好,丹。我今天请罗恩来看看我对你的辅导过程,然后给我一些反馈。没问题吧?"

丹:"没问题。早上好,罗恩。"

蒂娜:"在我们开始之前,你能介绍我们一下你关注的流程和面临的挑战吗?"

丹:"当然。我目前专注于销售合同处理,我们的挑战是处理合同需要 20 分钟左右。这是我们现在整个销售价值流所面临的最大挑战之一,我们的价值流目标是今日销售,今天关闭。"

（蒂娜现在指的是她持有的 5 个问题卡。）

蒂娜："好的，你的目标状态是什么？"

丹："目标状态是在 6 月 15 日之前，处理销售合同的数据输入部分只要 6 分钟或更少的时间。"

蒂娜："那当前的实际情况如何？"

丹指出他的故事板上的一个运行图表："目前处理销售合同需要 32 到 41 分钟。数据输入时间太长了。"

蒂娜问了一个澄清性问题："时间太长是什么意思？"

丹："最近几天真的很忙，我没有时间去测量我们最近处理合同的数据录入时间。但是当我们在两周前测量并制作这张运行图时，数据输入耗时 11 到 15 分钟。"

（蒂娜现在翻转她的 5 个问题卡，并在卡的背面提出反思问题。）

蒂娜："你上一步计划做的是什么？"

丹："我计划查询几份销售合同处理的周期时间。"

蒂娜："你当初期望的什么？"

丹："我想要了解步骤和时间。"

蒂娜："那实际发生了什么？"

丹（指点）："我能够得到基本的步骤和它们的时间。正如你在两周前的运行图中看到的那样，有很多变化。"蒂娜："那你学到了什么？"丹："我了解到，在处理销售合同时，数据录入通常占据了最大块的时间"。

（蒂娜将她的 5 个问题卡翻回到正面，并继续提问。）

蒂娜："你认为阻碍你达到目标状态的障碍是什么？你现在正在处理哪一个障碍？"

丹读完他的整个障碍清单，然后进入当前的焦点障碍："数据输入太复杂。

有时输入客户项目列表需要很长时间；其他时候还有别的。"

蒂娜问了一个澄清性问题："最大障碍究竟是什么？"

丹："我不太清楚。每次都不一样，因为每个客户的订单都不一样。"

蒂娜："数据录入这么久的原因是什么？"

丹："我认为整个手动数据录入的过程需要很长时间，还有对物品编号的审查也是如此。如果IT部门的人看一下，也许这个过程可以自动化。"

蒂娜："你的下一步是什么？"

丹："我会和IT部门的人谈谈，请他们看一下。也许我们可以找到一种方法来减少数据录入的时间。"

蒂娜："你对这一步有什么期望？"

丹："要知道数据录入的哪部分可以自动化。"

蒂娜："咱们什么时候能再见面，看看我们从采取的这一步中学到了什么？"

丹："如果我可以在今天与IT同事谈话，那么也许明天或后天。咱们三天后再见吧，那时我应该有些东西了。"

丹将商定的下一步和下次见面的时间记录下来，他们就结束了本次辅导循环。

丹回到他的工作区后，蒂娜问罗恩，"你觉得怎么样？本次辅导循环进行得好吗？"她很想听到丹的反馈。

你怎么看？

罗恩和蒂娜在辅导循环之后的讨论，以及罗恩对蒂娜的反馈如下。在阅读之前，请考虑你对以下问题的回答：

- 学员丹在这个辅导循环中的知识门槛在哪里？
- 如果你是教练蒂娜，你会给丹什么反馈？
- 你认为罗恩对蒂娜的反馈会是什么？

第二教练罗恩给教练蒂娜的反馈

罗恩检查了他的笔记，想了一下，然后对蒂娜说："我发现你和丹对障碍没有很好地把握，你们达成一致的下一步非常模糊，需要很长时间。丹似乎正在转向自动化解决方案。"

罗恩接着列出了一些要点："我认为重要的是，首先要就具体的障碍达成一致，然后再就与该障碍有关的下一步的确切步骤达成一致。障碍所导致的问题应该是可以衡量的，否则学员不能为他们的下一步制定一个可衡量的期望。我认为就更小的步骤达成一致也是有帮助的。实际上，你和丹明天应该再次见面，进行一次辅导循环。"

蒂娜回答（有点不耐烦）："是的，我也注意到了，这就是问题所在，丹并没有很好地了解这些障碍，只是简单地说数据录入的过程很复杂。所以我想让他至少克服一个障碍。然后下一步不知何故就变得太大了。但我不知道还能做什么。老实说，你的反馈并没有给我大帮助。我到底应该怎么做？"

罗恩注意到蒂娜有点抵触情绪，所以他说："我可能确实需要了解和观察更多的辅导循环。但让我们用你与丹的对话来再看看好的反馈究竟应该是什么样子。我们现在都对辅导循环有看法，你从内部，我从外部。"

蒂娜回应。"我同意，我们都注意到了同样的问题，但我不知道该怎么做。"

罗恩想了想，"一般来说，你对学员的反馈应该与辅导循环中的弱点有关，这通常会成为知识门槛。在你的辅导循环中，知识门槛似乎成了问题 3 的障碍。"

蒂娜跳了进来："啊，那时我可能应该把对话转移到下一步，而不是继续钻研那些丹尚未完全理解的障碍。如果我推动一下，他会提出一些答案，而不是说：'我不太清楚'，因为我是他的老板。"

蒂娜继续说道："在我自己的改善套路实践中，我了解到，在知识门槛上，我们必须真正迈出一步，才能学到更多，看得更远。讨论意见是没有用的。让丹回去仔细观察和调查障碍会是更好的下一步，因为那是我们对话的知识门槛。"

罗恩补充说，"确实如此。也许知识门槛更早就开始出现了，因为实际情况的数据并不是最新的，上次测量是在两周前完成的。"

蒂娜同意："没错，那是我没有接受的另一个弱点。嗯，现在有两个潜在的知识门槛。那么我应该关注什么呢？"

罗恩："这两个问题都是相互关联的。没有最新的数据让识别真实障碍变得困难，这使学员几乎不可能为下一步制定出可衡量的期望。"

"我得出的结论是，良好的辅导循环反馈应该集中在知识门槛对话中的一个关键点。如果可能的话，反馈应该与对话中出现的第一个弱点有关，因为辅导套路的 5 个问题相互嵌套并逐渐集中在一起，就像漏斗一样。如果一个问题没有得到足够的回答，那么下面问题的答案会更糟。"

蒂娜总结道："我观察到丹的实际情况数据不是最新的。没有数据研究就难以确定具体的障碍。如果我注意到'实际情况的数据不是最新的'就是知识门槛，那么我应该直接进入问题 4。下一步是获取和分析当前数据。事实上，只要我们碰到知识门槛，就基本上可以进入问题 4"。

"我同意，"罗恩回答。"而且，由于丹会收集一张运行图表的数据，你可以鼓励他在他的计时工作表上记下他观察到的障碍。"

根据你遇到知识门槛时对 5 个问题的了解程度，可能没有必要继续问所有 5 个问题。这时，你和学员可以相应地计划下一步，商定下一个辅导循环的时间，然后本次辅导循环就结束了。你明天再来做下一个辅导，如果你和学员愿意，甚至可以更早。

"一旦你找到当前的知识门槛，不要害怕跳出 5 个问题的顺序框架，马上和学员讨论下一步如何弥补知识门槛这一弱点。学员应该尽快采取下一步！"

第 12 章　如何完成一个辅导循环——实战演示

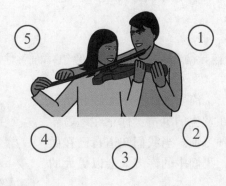

辅导循环
STEP-BY-STEP（一步一步地）

让学员放轻松，开始辅导循环

初学者可能会感到不舒服。你会感到不确定，失去认同感，变得脆弱。新手学员甚至可能认为被辅导意味着他们做错了什么。所以不要直接跳入5个问题来开始辅导。从建立一些信任和理解开始，向学员展示你对他们感兴趣并期待他们取得成功，你希望你对他们有帮助。

辅导循环不判断成败。教练和学员都应该对实现目标状态、学员如何进行、学到什么，以及下一步将会有什么有真正的兴趣。这是一个对话，而不是权力的行使。当你开始时：

- 开始互相问候。
- 当你可以进入辅导循环时，站在学员旁边，面对他们的故事板，而不是正面对着彼此。

对于一个新的学员，简要回顾一下实践和指导方法，让学员理解正在发生的事情：你正在练习新技能模式，要养成一种习惯。当我们知道自己在做什么以及为什么做时，我们中的许多人会以更大的兴趣和动力进行练习。

让学员放心的一个关键可能是帮助学员意识到，当你开始学习新技能，就像运动员一样，成为初学者是正常的。如上所述，提醒自己和学员关于辅导循环的目的可能是一个不错的主意，辅导循环的目的是通过提供基于观察的程式化反馈来提高学员的科学思维能力，并提供他（她）的改善套路练习。

你的学员自然会从一开始就尝试熟练掌握改善套路，尤其当你是他们的老板的时候。因此，如果你有一种心态，即犯错误是可以的，享受发现和学习的过程，这会很有帮助。如果你喜欢，你甚至可以指出，你也正在练习和学习你的教练套路。

问学员，"挑战是什么？"

在开始故事板上的5个问题辅导对话之前，让学员说出他们关注的流程，并重申他（她）正在努力的首要挑战或目标。这种提醒将学员的目标状态与更大的目标联系起来，并帮助学员认识到他们的努力是如何适应大局的。辅导循

第 12 章 如何完成一个辅导循环——实战演示

环内所有的对话都应该围绕这个挑战。

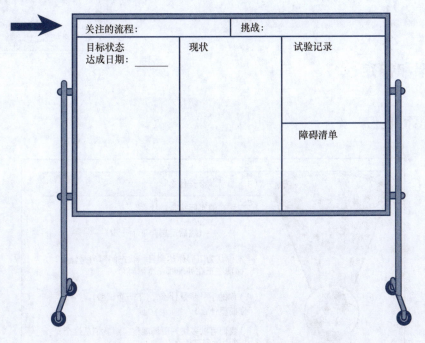

现在你可以开始问辅导套路的5个问题了

问题 1

框架和锚定

引导你自己

① 目标状态是什么?
② 现在的实际状态是什么?
- - - -（然后反思一下上一步）- - - -
③ 你认为阻碍你达到目标状态的障碍是什么?
你现在正在处理哪一个障碍?
④ 你的下一步是什么?（下一个试验）
你期望什么?
⑤ 我们可以多快到现场观察了解我们从这个步骤中学到了什么?

目标状态（问题 1）和现状（问题 2）的共识，对避免无休止的讨论至关重要。学员要达成什么目标，他们现在究竟在哪里？前两个问题很简单，通常可以很快回答，但它们很重要，因为其他问题都与它们有关。

> 要点:
> 有关目标状态

- 不要跳过问题 1 和问题 2，即使开始感觉有点像演戏。在每个辅导循环中都要完成所有的 5 个问题，因为你正在构思对话，并试图传达 5 个问题中固有的思维模式。许多新教练都会问：“我真的需要在每个辅导循环都问问题 1 吗？”答案是肯定的，因为辅导循环的其余部分都与这个问题有关。这只需要几秒钟。
- 学员应该指着他们的目标状态栏并朗读写在那里的目标状态。
- 在目标状态下不应该有动词或动作项目，也不应该描述缺少什么，它应该描述一个可衡量的目标。

- 如果可能，目标状态应与故事板上记录的挑战保持一致。这应该是朝着这个方向迈出的一步。
- 应该有一个结果指标和一个过程指标，告诉学员何时达到目标状态。过程指标应该直接在关注的流程中观察到。
- 你（教练）了解目标状态吗？如果你不清楚，或者学员无法清楚解释，那么学员可能也不清楚目标状态。

"请读一下目标状态"。
"你认为现在应该发生什么？""你怎么知道的？"
"你想取得什么样的模式？"
"你想要的流程步骤和顺序是什么？"
"什么时候能实现？"
"你如何描述你的目标状态？"
"你能告诉我这个目标状态怎么数据化地联系到这个障碍吗？"
"你能用数字描绘目标状态吗？"
"让我们一起看看这里的数据分析"。
"你是怎么测量的？"
"什么是过程指标？你想取得什么值？"
"什么是结果指标？你想取得什么值？"

- 学员在辅导循环前未准备故事板，没有确保所需的最新信息已准备就绪，并且按照与辅导套路的 5 个问题相匹配的顺序。
- 学员提出解决方案或对策作为目标状态，而不是描述所关注的流程的理想状态。
- 学员将障碍视为目标状态，而不是描述理想的目标状态。也就是说，学员将目标状态描述为不会发生的事情，而不是将会发生的事情。
- 目标状态只是一个结果指标，没有过程指标或任何描述的期望操作模式。
- 目标状态的描述是模糊的，不可测量的。

丰田套路实战指南　每天20分钟科学思维模式训练创造卓越绩效

问题 2

框架和锚定

引导你自己（续）

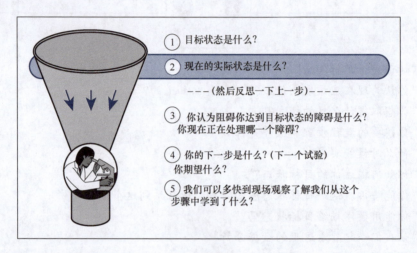

了解现状非常重要，无论是最初的还是正在进行的。当学员没有测量并保持对现状的最新理解，因为发生了变化，就会出现许多错误。

在问题2处，务必查看过程指标和结果指标的当前值。这些是学员应该在每个辅导循环之前更新和绘制的最低指标，理想情况下是画在运行图中的。

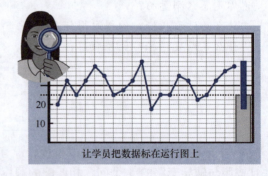

让学员把数据标在运行图上

> 要点：
> 有关实际状态

- 在最初的几个辅导循环之后，对于问题2，学员不应该再回头看初始状态，而是应根据最近的直接观察和测量来描述当前的最新状态。

- 问题2不是对学员已采取的步骤的回顾。学员应该简单地描述相对于目标状态，所关注的流程当前是如何实际运行的。
- 一如既往，要求学员用手指出故事板上的相关支持文档和数据。
- 检查你是否可以直接比较目标状态和现状，这是一个常见的问题。
- 确保结果指标和过程指标有当前数据。理想情况下，它们正在运行图上。
- 只要有可能，你应该去实际看看学员说得到底是什么。"展示给我看"和"告诉我更多关于……"这些在辅导循环的任何时刻都是非常有用的辅导短语。

"当前最新的现状是怎样的？有没有数据？"
"你怎么知道的？"
"你能给我看一下数据吗？"
"让我看看过程指标的运行图"
"让我们一起去看看"

从辅导循环的这一点出发，一个有用的问题可以是："你怎么看？"。记住，你问这样的问题，看看学员是否按照改善套路的模式在进行科学思考。像"我认为我们还不确定"这样的答案是科学的，而答案如"我认为发生了什么事情……"，可能代表不科学的猜想，除非学员声明这是学员计划测试的假设。

要查看学员的行为是基于事实和数据，而不是假设，你总是可以问："你怎么知道的？"

- 学员故事板上的实际情况不是实际情况。
- 学员根据他们对意见、传闻以及他们认为正在发生的事情的假设，来描述当前状况。
- 实际情况的描述不基于任何数据。
- 故事板上缺少过程指标和结果指标运行图。
- 学员实际上并没有去关注过程中看到的真实现状。
- 当前状态描述包括诸如"不""没有"或"缺乏"等词，表明学员已经有了一个解决方案。
- 学员没有直接比较现状和目标状态。

回顾

审核学员的上一步

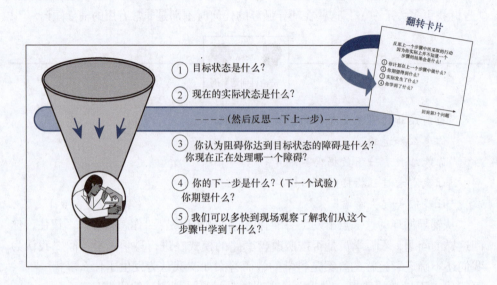

现在翻过来使用你手里的5个问题卡背面的"反思部分"。

反思上一步是学习的源泉。通过反思上一步所学到的知识有助于确定下一步（下一个试验）。为了进行反思，学生在他们的试验记录中填写最后一行，同时你来问卡背面的4个问题。这4个问题与学员试验记录中的四列相关：

问题1：你上一步是什么？学员指向并朗读第1列中的描述。

问题2：你的期望是什么？学员在第2列中指向并朗读他们的预测，包括他（她）提出测量试验的方法。

问题3：究竟发生了什么？学员指向并朗读第3列中记录的试验结果和数据，以及新运行图等辅助文件。学员在这里应该只指出事实和数据，不需要给出解释。

问题4：你学到了什么？在辅导循环之前，学员已经比较了第2列（期望）和第3列（结果事实和数据）并在第4列总结了他们所学到的内容。现在，学员指向并朗读第4列中的方框，应该对其中的结果进行解释。

第 12 章　如何完成一个辅导循环——实战演示

> 要点：
> 有关反思

- 预测错误有助于学员找到前进的方向。一些再好的试验也会有令人意想不到的结果——惊喜——帮助学员发现达到目标状态所需的条件。目标状态是通过许多小的学习步骤和试验达到的,其中许多步骤和试验会产生"负面"(但非常有用)的结果。

承认预测的错误并从中学习其实很困难,因为它与我们的直觉背道而驰。如果学员感受到预测错误的威胁,他们可能会开始采取更多的对策,而不是分析和了解情况。

通过强调使用试验来学习,尝试去个性化的试验过程。以这种方式运作,你的辅导循环反思应该有积极的作用,我们只是侦探,没有责怪的意思。为了营造非个人问题的氛围,不要判断意外结果的好或不好,而仅仅把它作为可以帮助我们更深入地了解关注的流程以及今后改进过程的经验及教训。当然,学员应该继续快速试验,以便在设定的日期前达到目标状态。

- 试验记录中的四列信息应该由学员在辅导循环之前写入。在辅导循环的反思环节,学员应该通过简单阅读他们的试验记录来回答你的问题。
- 在第 2 列中,学员应该写下他们在迈出这一步之前所期望的一步(你在下一步辅导循环中检查了这个)。
- 在第 3 列中,学员应仅记录事实和数据,不用解释。
- 在第 4 列中,学员应记录他们从试验中得出的结论。这可能包括有关流程如何运作的新信息,对障碍的性质或原因有更好的认识,甚至是更好地定义知识门槛的"我不知道"的陈述。第 4 列通常是 4 个反思问题中最困难的。
- 在必要时,让学员在辅导循环中立即调整或纠正试验记录中写的内容。
- 试验记录表格应该专注于一个障碍。如果学员开始研究不同的障碍,那么他们应该使用新的试验记录。

Q1：你上一步是什么？
"什么是知识门槛？"
"你打算做什么？"
"正在测试什么？"
Q2：你期望什么？
"你认为会发生什么？"
"你想学到什么？"
Q3：究竟发生了什么？
"你能告诉我这些数据吗？"
"你是怎么知道的？"
"数据说明什么？"
"你观察到了什么？"
"有没有图表？"
Q4：你学到了什么？
如果一个假设正在测试，是否："确认"/"反驳？"/"无法分辨？"
"与预期有什么不同？"
"数据和你的观察让你相信什么？"
"对你的下一步有什么影响？"
"你有没有更多地了解任何障碍？"

- 学员仅口头报告，没有完整的试验记录。
- 学员将错误的预测视为失败。
- 第3列和第4列具有几乎相同的条目。学员不能区分发生了什么（仅限事实和数据）和他们学到了什么（解释）。
- 进行试验后，初学学员在没有经过辅导循环的情况下继续采取更多的步骤。

问题 3

当前的障碍

保持专注

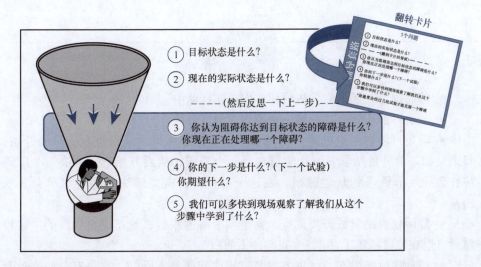

转到卡的正面,继续解决问题。

识别障碍意味着专注。障碍是学员在努力争取达到目标状态时要面对的试验对象。

让学员回答问题 3 的第一部分,指着他们的障碍清单并快速阅读当前列出的所有障碍。这代表了学员当前对障碍的印象。问题 3 的第 2 部分"你现在正在处理哪一个?"通常定义了这个辅导循环其余部分的重点。

学员应该在辅导循环之前更新障碍清单,增加已发现的障碍,并划掉不再是问题的障碍。箭头应指出当前正在处理的一个障碍,这个障碍也应该写在学员的试验记录上。

障碍清单仅仅是一个记录和保存已知和遇到的障碍的地方,它不是一个行动项目清单,而且学员通常不会最终解决所有列出的障碍。这有助于学员认识到初始认知和预测可能存在的缺陷,这是科学思维的一个关键方面。障碍清单还通过承认问题来帮助学员放松,同时使学员不至于一下子处理太多的问题。其目的是缩小学员为了达到目标状态所做工作的范围,而不是消除所有潜在的障碍。

　　障碍应该是具体的和可衡量的。如果目标状态是模糊的，那么障碍也可能是模糊的。有了明确的目标状态和直接可衡量的过程指标，障碍应该容易被识别和测量。

　　注意记录为"缺乏……"或待办事项的障碍，这是不正确的。缺乏学员已经想到的对策并不是障碍。"缺乏培训"不是障碍，但"有些人做的工作不正确"是障碍。当学员对障碍的描述以"需要"这样的词开始时……，就表明学员已经"跳"到了解决方案上。

> **要点：**
> 关于当前的障碍

- 障碍很好，因为它们告诉你，你正在行动中。
- 学员一般应该一次处理一个障碍，但也有例外。
- 学员可以自由地处理任何障碍。不要担心从最大或最重要的障碍开始，特别是如果学员是初学者。让学员选择一个障碍，然后开始吧。解决一个障碍往往会导致学员遇到其他障碍，在这个过程中，需要解决的障碍迟早会显现出来。
- 障碍仅仅是学员需要调查、衡量和了解的东西，这是完全合理的。这种障碍可以在障碍清单上注明："我们还不明白……"
- 行动项目和潜在的解决方案与障碍或问题是不同的。这里有一些改善套路的术语：学员在达到目标状态的过程中为克服障碍或问题所做的事情被称为关于当前障碍步骤或试验的关键点。当学员克服了一个障碍，就意味着他们已经找到了解决这个问题的方法。
- 突破一个障碍往往需要多个步骤。学员可能会在一段时间内处理一个障碍，并通过一系列与该障碍相关的试验。这很正常。
- 有时，克服一个障碍的努力同时也消除了其他障碍或使它们变得无关紧要。
- 每个试验记录通常专门用于一个障碍。如果学员转向不同的障碍，他们应该开始一个新的试验记录。
- 有时，学员可以放弃对某个障碍的关注，而是根据已学到的东西转向另一个障碍。
- 有时，学员会发现可能与挑战相关的合理问题，但不是下一个目标状态。在故事板上单独列出一个清单，这样学员就知道他们的担忧已被认可，只是现在还没有开始解决这些问题。

第12章 如何完成一个辅导循环——实战演示

澄清性问题举例

"障碍究竟是什么？"
"究竟是什么问题？"
"这个障碍会造成什么问题？"
"你将如何衡量？"
"你有没有发现新的障碍？"
"是否应该删除列表中的障碍？"

如果缺乏可感知的解决方案被认为是一种障碍，那么就问："这可以解决什么问题？"，以确认实际的障碍。

如果只确定了一个障碍，你可以问："如果解决了这个问题，你会达到目标状态吗？"有时这将使学员发现更多的障碍。

可能的问题

- 障碍清单被视为行动项目清单。
- 障碍被称为解决方案或待办事项。
- 障碍太模糊，无法衡量。如果学员不能具体说明障碍，他们可能就无法充分了解所关注的流程中的情况，或者可能不习惯于具体说明。
- 障碍清单已经过时——未能划掉障碍或添加新发现的障碍。
- 障碍清单包含与目标状态无关的条目。

问题 4

计划下一个试验

整个辅导循环都集中在这一点上,即知识门槛和学员的下一步。

在这里,你的任务是确保学员已经计划了一个精心设计的试验,告诉你下一步你需要知道什么,如果没有,则给出纠正性意见。请记住,下一步的计划是在辅导循环中讨论的,但学员最好在辅导循环之后尽快完成下一步。首先让学员告诉你他们认为什么是当前的知识门槛。你可以问:"现在的知识门槛是什么?"或"我们接下来需要学习什么?"

然后让学员在你听的时候告诉你,"这就是我下一步要做的事情以及原因",通过让学员简单阅读(并指向)其试验记录第 1 列和第 2 列中的最新条目来实现这一点。根据上一步的学习情况(在你刚才做的反思中讨论过),在这个辅导循环之前,学员应该在表格左侧写下他们提出的下一步试验和相应期望。

请注意,在问题 4 中,你确实希望学员超越知识门槛并进行预测。在这里,学员可以这样

说:"我认为……"

因为为了保证科学性,学员必须事先说明并写下他(她)预测的下一步的结果是什么。将实际结果与这一预测相比较,就是有用的惊喜和学习的来源。

当学员读完试验记录的第1列和第2列之后,你可以更深入地与学员进行对话,了解细节以及他们计划如何进行下一步,等等。教练应接受学员提出的下一步(下一个试验)或提供反馈,以帮助其改进下一步的设计。使用后文中的"规划下一个试验的教练清单",以帮助你验证学员提出的下一步或让学员微调他们提出的步骤。如果你认为学员在进行下一步之前需要做更多的分析和准备,这并不罕见,那么这应该是学员的下一步。

在讨论学员下一次试验的计划时,你可以让学员立即调整或纠正写在试验记录第1列和第2列中的内容。你不是改变数据,而在调整计划。或者,如果你愿意,你可以选择让学员在学习过程中犯一个小错误作为学习经验。

只要下一步(不是步骤清单)明确了,辅导循环就接近尾声了。在这一点上,没有必要尝试进一步展望未来或进行长时间的讨论。学员应该尽快采取下一步措施,他们就可以在此基础上看得更远。

要点
关于下一步

- 在确定下一步之前,教练和学员应该已经确定并讨论了当前的知识门槛。当前的知识门槛通常定义下一个试验的内容。这通常会触发你去更深入地研究一些你认为你已经知道的事情。
- 帮助学员理解他们所采取的任何步骤都是一种试验。
- 让学员思考所期望的结果,而不是思考要实施的内容。这有助于让学员首先说明他们需要学习什么,然后描述他们的学习计划。
- 针对目标状态设计和实施下一个试验是学员让其他人参与关注的流程改善并获得他们想法的好地方。
- 学员应该设置试验,以便错误和意外的结果不会造成不安全的状况或损害客户价值(有时这被幽默地称为限制爆炸半径)。
- 如果可以立即采取下一步,那么一定要这样做。在这个辅导循环过后怎么样?
- 尽管我们可能会这样认为,但试验并不需要太大或太长。询问学员:"今天我们能学到什么?"可以帮助缩小范围。
- 一开始,学员经常会尝试让下一步比需要的更大,这可能会超出知识门槛并妨碍学习。引导学员进行尽可能小且尽可能快的试验,以适应这种情况。你不是在寻找巨大的飞跃,你要找的是一个好的试验。注意:如果你的辅导循环不是每天都在进行,那么学员的步骤可能会变得太大,因为学员在你再次见面之前自然会想要做很多事情。

- "去获取更多信息"可能是下一步,这很正常。有不同种类的试验,如下表所述。

试验类型	
这些都是试验的类型,因为你不知道预期结果	学员可以从这类试验中获得什么
现场观察 在什么都不改变的情况下,进行观察和数据收集,以便更多地了解某个流程或状态	学员可以获得某物当前运行情况的信息
探索性试验 改变一下某段流程,然后简单地直接观察流程是怎么反馈的	学员可以更直观地观察所关注流程的信息,而不是只通过被动的观察
假设试验 引入一种变化,最好只引入一个因素,并对将发生的情况进行定量预测	学员可以了解某一特定变化的影响

教练规划下一个试验的检查要点

❏ 试验是否在当前的知识门槛上进行?
❏ 学员关于下一步效果的预测是否被记录下来?
❏ 下一步是否真正解决了当前的障碍?
❏ 它与当前的障碍有关吗?
❏ 该试验是单因素试验吗?(这并不总是可行的。)
❏ 学员是否有计划尽快、快速且经济地测试他们的预测?
❏ 如果预测失败了,会不会有人受到伤害?
❏ 这一步是否可测量?学员是否能够使用事实和数据来判断预测是否正确?
❏ 学员是否计划收集足够的关于试验结果的数据点?
❏ 下一步/下一个试验是整个学习链的一部分吗?它是否建立在上一步所学的基础之上?
❏ 不要说:"让我们试试,看看它是否有效",因为这会使得试验成为一个成功与失败的问题。可以说:"让我们试试,看看我们学到了什么。"

第 12 章　如何完成一个辅导循环——实战演示

澄清性问题举例

1. 关于知识门槛

"现在知识门槛是什么?"

"接下来我们需要学习什么?"

2. 关于下一个试验的设计

"测试如何完成?"

"你将如何测量它?"

"你将如何收集数据?"

"什么是过程度量?"

"有多少数据点？你想要什么?"

"结果指标是什么?"

"如果结果不符合预期会发生什么?"

"你今天能测试一下吗?"

"我们现在可以测试吗?"

"我们今天能学到什么?"

3. 关于学员的预测——你可以在这里问两个稍有不同的问题

"你期望发生什么?"

"你期望学到什么?"

4. 其他问题

"你希望发生什么?"

"你怎么知道?"

可能的问题

- 在设计下一个试验之前，未能确定当前的知识门槛。
- 下一步的定义过于模糊（因此，"你期望什么?"同样模糊）。
- 教练没有问学员如何衡量试验的效果。
- 教练没有让学员记下下一个试验的细节，包括学员期望发生和学习的内容。

- 学员没有陈述期望，而只是用过去式重申了下一步。
- 下一步是一个行动项目，而不是一个试验。学员想要在不进行测试的情况下实现一个想法。
- 学员忽略了"去现场看看"是一种非常不错的试验。
- 试验风险太大。
- 下一步太大。

第12章 如何完成一个辅导循环——实战演示

问题 **5** 　　　　　　　　　　　　　　　　　　　　　准备去做

准备下一个辅导循环

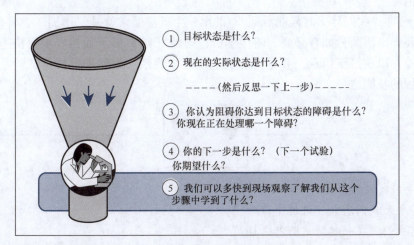

① 目标状态是什么？
② 现在的实际状态是什么？
- - - - (然后反思一下上一步) - - - -
③ 你认为阻碍你达到目标状态的障碍是什么？
　你现在正在处理哪一个障碍？
④ 你的下一步是什么？（下一个试验）
　你期望什么？
⑤ 我们可以多快到现场观察了解我们从这个
　步骤中学到了什么？

问题 5 可帮助你找到一个快速的转机。这里的目的是让学员尽快做下一个试验，因为在这之前，你们都无法看清目标状态。

当学员的下一步明确了并写在试验记录上时，一个辅导循环就基本上完成了。剩下的就是确定下一个辅导循环的时间。没有必要进一步讨论，因为至少在得到下一个试验结果之前，教练和学员都处于当前的知识门槛。

下一个辅导循环通常是下一个定期安排的辅导循环，但你也可以随时增加辅导循环。例如，为了给初学者学员更近距离的辅导，并减少他们养成不良习惯的机会，可以在学员采取下一步之后立即安排一个辅导循环。有时你甚至可以决定在学员进行下一步时，陪同或检查他们。

如果你习惯于完整的行动项目清单，那么只有一个行动项目可能会让你感到不舒服。然而，你可能很快就会发现，每天做试验要比试图提前列出确切的步骤更快、更有效。

你已经完成了

要点：关于下一个辅导循环

- 问题 5 可能会非常棘手。新教练和学员经常错误地认为它的意思是"你什么时候完成？"。但问题 5 更多的是关于看到"我们正在学习什么？"注意：即使你以正确的意图询问问题 5，学员仍然可能会理解为你在说："你什么时候可以完成？"

- 就下一个辅导循环的具体日期和时间达成一致。
- 明确学员在下一个辅导循环之前应该获取、准备并记录在故事板上的数据和信息。
- 对"我们什么时候能看到？"的第一个反应通常就是"下周"这样的话。对此要提出质疑！如有必要，陪伴学员，向他（她）展示如何经济而快速地进行试验，以获得新信息，并尽可能快地进一步观察。如何进行快速试验是你正在教授的技能之一。

澄清性问题举例

- "我们怎么能尽早做这个试验？"
  "今天我们怎么能做这个试验？"
  "我们现在一起做试验怎么样？"

可能的问题

- 一个常见的错误是有一个任务导向，而不是一个学习导向。例如，如果教练不正确地问："我们什么时候可以去看看已经完成了什么？"而不是："我们什么时候可以去看看我们从这个步骤中学到了什么？"
- 即使辅导循环现在应该结束，教练和学员仍在继续讨论，例如猜测下一步会发生什么状况。辅导循环应该保持对下一步的关注，然后停止。
- 未来的下一个辅导循环太远。辅导循环的频率太低，导致辅导循环中讨论的步骤不止一个。
- 在结束这个辅导循环之前，没有商定下一个辅导循环的具体日期和时间。

第 12 章　如何完成一个辅导循环——实战演示

总结

> 下一个辅导循环见

对于教练和学员来说，辅导循环一开时看起来都会很生硬和尴尬。这种形式将会随着你自己的澄清性问题和风格而不断充实，并且会出现某种"哇，看看我们正在克服的障碍！"的动态。这就是产生能量和自我满足的时刻。

练习准则

初级教练在辅导循环中应该做的

	教练的问题	学员的反馈
	挑战是什么	学员解释自己理解的首要挑战是什么，这来自于学员的上级
1	目标状态是什么	学员读故事板上对目标状态的描述，边读边指着条目
2	现状是什么	学员读故事板上有关现状的、数据、图表，边读边指着条目
反思	上一步做了什么	学员读试验记录的第 1 列
	你的期望是什么	学员读试验记录的第 2 列
	实际达成了吗	学员读试验记录的第 3 列
	你学到了什么	学员读试验记录的第 4 列
3	你认为哪些障碍阻止了你达到目标状态，哪个你现在想先移除	学员读障碍清单，然后指向他（她）正在处理的障碍 学员应该在这个障碍旁边画一个箭头 学员可以针对一个障碍进行多次试验
4	下一步（下一个试验）你计划要做什么，你的期望是什么	学员提出下一步，读试验记录下一行第 1 列和第 2 列的信息。在你批准学员的下一个试验之前，请确保这个试验是设计有效的
5	我们多快可以看看你从这步中学到了什么	学员建议下个辅导循环的日期和时间。并确认尽快、经济地去做试验。同时确认会把试验的情况和数据带过来，这样就完整了

在实现日期之前不断重复四步改善套路

当学员达到他们的目标状态或其实现日期时，四步改善套路模式就会重复。

然而，在此之前，教练和学员应该对整个过程进行总结性反思。这种学习可以帮助提高下一轮的四步法改善套路。见第 2 部分末尾的简短的"总结反思"一章。让学员通过提问如下问题来反思他们的工作方式：

"为什么我们要使用改善套路模式？"
"通过这样做我们获得了什么？"
"什么是进展顺利的？"
"有什么可以做得更好的？"
"下一次我们应该改善哪些方面？"

结 论

> 教育不是让你必须记住多少东西，或是知道多少东西，而是让我们能够区分你知道的和你不知道的。
>
> ——Anatole France

改善套路和辅导套路的科学思维模式是普遍的，适用于各种组织。这是为了更好地利用我们惊人的人类能力而采取的不同的自我管理方式。

这里有一个小秘密：一种思维方式不只是你在工作中使用，然后就关闭的。这里介绍的原则和实践塑造了一种思维模式，你完全可以将其用到你生活的方方面面。改善套路是一种思考和行动的常规，为我们提供了处理问题、不确定性和变化的系统性及建设性的方法。换句话说，我们如何能够共同工作，共同努力，超越我们所能看到的目标。商业、教育、政府和日常生活中的人们可以学习并从实践《丰田套路实战指南》一书中介绍的基本初学者套路模式中获益。练习以下套路：

- 消除围绕问题的紧张气氛，让我们一起积极工作。
- 重新审视我们对世界的看法和反应，帮助我们认识到一切在某种程度上都是不确定的，我们所做的每一步都是一个试验。

我邀请你积极与他人分享你从丰田套路练习中学到的东西。

熟练程度

练习入门套路很可能会让你更好地解决问题，并从中成长。你需要练习多久才能获得科学的思维能力，以及你如何衡量成功实践改善套路和教练套路？

归根结底，成功的标准是科学思维对组织互动和工作方式的影响程度。你应该注意到，你的组织中的语言不再急于寻找解决方案，而是更倾向于开发解决方案的科学流程。你应该注意到会议中的细微变化——朝着辅导套路的 5 个问题的系统模式发展，并且在你进入下一个试验时，更容易留下一些不确定性。你应该发现自己在以不同的方式谈论事情，变得不太愿意妄下结论，而更乐于测试自己的想法。你可能会发现自己更渴望接受挑战。当你听到人们提到"知识门槛"并说"这背后可能有更好的想法"之类的话时，你知道你在充分利用我们人类的能力方面做得更好。本书正文中提到了达到改善套路和教练套路的基本技能水平所需的最低练习量的建议，我将在此重复一遍。作为一般指导原则，就这一切而言，你可以大致按照以下方式看一下。你的里程可能会有所不同。

改善套路模式的基本能力：在一个所关注的流程上完成 3 个连续性目标状态和 30 个循环试验。

最重要的是，对于基本教练套路能力：执行 60 个辅导循环，其中至少 20 个辅导循环包括第二教练的观察和反馈。

描述技能发展水平的一个有趣的尝试是斯图尔特（Stuart）和休伯特·德雷福斯（Hubert Dreyfus）于 1980 年提出的 5 阶段技能获取模型。德雷福斯模型的各个阶段只是理论上的标志，但它们提出了技能发展的概念。如果没有其他原因，德雷福斯模型可以帮助你了解技能培养通常是如何进行的。以下是两张表格，描述了改善套路学员和改善套路教练的德雷福斯水平。随着时间的推移，你可以使用与你的世界相匹配的可观察行为来填充这些表格中的说明。但是请注意，测量技能水平并不是自我判断。在你熟练掌握你正在练习的技能之前，你不能评估你自己的技能水平，因为你需要更专业的人来判断你的专业程度。

改善套路的技能等级评估

技能水平	描述	自主程度
专家（不是所有人能达到这个级别）	• 不再依赖规则、制度、标准 • 直觉性地把握现状和做出决策 • 对可能发生的事有远见	有能力超过当前的标准，建立自己的标准解释
熟练	可以不自觉地理解并应用套路 • 可以偏离严格的套路以适应实际情况 • 可以看到在某种情况下什么是最重要的 • 应用 IK 模式的**高度自我效能**	能够对自己的工作全面负责，并开始辅导其他人
掌握	• 具有标准化和常规化的程序 • 部分地从长期目标的角度看待行动 • 可以排序优选	可以利用自己的判断力完成大多数任务

（续）

技能水平	描述	自主程度
高级学员	• 基本套路行动情景感知仍然有限 • 所有方面都同等重要	可以通过自己的判断完成一些步骤，但需要对整体任务进行辅导
新手	• 严格遵守套路的规定 • 很少有情景感知和自由判断的能力 • 必须有目的的专注于初学者套路应用改善套路模式的自我效能感低	需要密切辅导和指示

辅导套路的技能等级评估

技能水平	描述	自主程度
专家（不是所有人都能达到这个级别）	• 基于深度理解和经验，可以按直觉来辅导 • 直接而有帮助的辅导 • 辅导的对话非常自然，学员感觉不到在被辅导 • 其他人会追着他们给予辅导的建议	很少需要第二教练
熟练	• 对学员的差距和弱点有清楚的认知 • 用辅导来引导：适应情况，提出有意义的问题 • 能够评估学员喜欢的学习方式 • 具备第二教练的能力	
掌握	• 可以感知到学员的不确定层级和知识门槛 • 可以用一个标准的模式持续性地辅导 • 辅导已经变成日常工作的一部分	有时需要第二教练

(续)

技能水平	描述	自主程度
高级学员	• 认识到需要第二教练 • 可以自如地给学员反馈 • 开始更多地观察和聆听（而不是谈论和建议） • 提出一些澄清性问题，以深入了解学员的想法	每次都需要第二教练
新手	• 死板地提问；用封闭式的问题 • 缺乏遵循某种模式并认识到其重要性的纪律 • 更关注结果，而不是实现结果的过程 • 无法识别学员何时达到了知识门槛	

（来源：改编自 Jennifer Ayers、Yvonne Muir 和 Julie Simmons 的《技能获取的德雷福斯模型》。）

一般来说，对于某项技能，当你达到非常熟练的程度时，你可以说自己已经掌握了它，对于一种新的科学思维方式，当你掌握它时，你甚至打开了你观察世界的新方式。当你练习改善套路到一定程度时，你已经非常熟悉它的所有步骤，并且能够在它们之间自然轻松地流动以适应几乎任何情况。就像我们以线性的离散步骤来建造房屋，水泥工先进来，然后是木工，然后是电工，然后是水暖工，等等。我们也是以这样的方式来一步步练习改善套路的。但在练习者的脑海里，所有改善套路的步骤始终都在那里。如果你少了一块砖，即使基础尚未完成，也可能需要稍后调整，你也要将其填入其中。它变成了自动调整。

因为改善套路是一种元技能，所以嵌入在初学者套路中的模式是各种创造性和主动性能够得以激增的基础。当然，学员的科学思维技能发展水平是由线性德雷福斯量表衡量的，但从元角度来看，通过在适当的情况下顺利应用这些技能，学员在达到他们可能具有的任何具有挑战性的目标方面做得如何，也是一个问题。每个人都不需要达到科学思维的"专家"水平，熟练掌握就足够了。请注意：在体育运动中，有顶级运动员，也有周末在公园里玩耍的人，但所有人都在玩、享受，并试图在同一项运动中变得更好。科学思维也是如此。在科学思维方面，能达到最佳技能水平的可能不是专家，而是永久的学员。

共同点

有很多人呼吁在商业、政府、教育和日常生活中应用更多的科学思维。然而，对于初学者来说，没有具体实践历程的概念本身不太可能导致变化。它们可能是很好的想法，但缺乏将其付诸实施的具体方式，这使得它们成为没有套路的概念。

我欢迎其他商业和教育领域的科学思维模式倡导者来进一步研究，而不仅仅是制作模型和展示原理。这真的太好了，但单凭这一点是不可能改变我们的。我们还需要一些套路——一些初学者的练习套路，以帮助我们转换到这些模型描述的行为和思维模式。我喜欢鼓励其他改善套路/辅导套路的同事和社区，他们可能有自己的看法。我们一起创造更动态的试验途径，帮助各地的人们实践更科学的思维模式和行为模式，并朝着我们所能想象的更好的方向发展自己。

也许每个组织最终都应该用自己的一套初学者套路来开发基本的科学思维技能，以适应其特殊的环境和文化。但是，组织不应该在初始阶段就开发自己的套路，他们还没有准备好。一个比较可靠的方法还是从《丰田套路实战指南》中的基本套路开始，然后在一大群人练习这个科学思维模式和行为模式的过程中不断优化。改善套路和辅导套路的常规化、程序化练习是一个很好的起点。

什么保持不变？我将以我们所说的丰田套路密码作为结束，该代码定义了在你不断前进，找到自己的路上并不会改变的东西：

丰田套路密码

1. 目标状态是不可预测的。
2. 享受学习区。
3. 了解方向，把握现状，建立目标状态，朝目标状态不断试验。
4. 初学者准确地练习初学者套路。
5. 做一名他人的教练，同时有一名自己的教练。

最后，我向你致以最美好的祝愿！

附录

表格和模板

改善套路
一种适合所有人的科学模式

我们应该承认，我们都有一种直接跳到答案的自然倾向，而完全不会意识到我们这种无意识的倾向影响了我们的所见所思和所为。你可以通过练习被称为"改善套路"的可重复的四步模式，使科学、创造性的工作成为一种习惯，并更适应不确定性。

 套路是你想通过练习把它变成一种习惯的常规方法

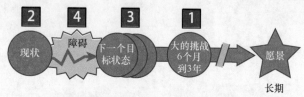

长期

从这里开始 1

用一种有意义的方式描述你想努力攻克的总体挑战。

从现在起的6个月到3年，你想达到怎样一个新的状态？

未来状态的勾画在这里是一个有用的工具。

用首要的挑战作为下面几步的框架

2 **现状**：研究当前的事实和数据，确认目前你在哪里。你要尽力去看，去勾画、去测量，去理解目前的运行模式，并将其作为第3步的输入。

3  **下一个目标状态**：现在描述一下你在实现挑战的过程中想要达到的下一个目标。通常需要一系列的目标状态才能实现你的挑战目标。要确保目标状态可以用某种方法衡量，同时明确要实现的日期，一般是一周到3个月后。

4 **朝着目标状态不停试验**：你无法预见到达目标状态的确切路径。你碰到的障碍会告诉你要做些什么才能到达那里。通过每天试验，做好试验记录，并在每次试验后询问辅导套路的5个问题，来寻找路径。

没有事实和数据的地方就是你的知识门槛。

知识门槛总是有的。

为了看得更远,去进行你的下一个试验吧。

学员的故事板

关注的流程：		挑战：
目标状态 达成日期：_____	现状	试验记录
		障碍清单

辅导套路的 5 个问题卡片

5个问题

① 目标状态是什么?

② 现在的实际状态是什么?
－－(翻到卡片的背面)------→

③ 你认为阻碍你达到目标状态的障碍是什么?
你现在正在处理哪一个障碍?

④ 你的下一步是什么?(下一个试验)
你期望什么?

⑤ 我们可以多快到现场观察了解我们从这个
步骤中学到了什么?

*你通常会经过几轮试验才能克服一个障碍

反思上一个步骤中所采取的行动
因为你实际上并不知道一个
步骤的结果会是什么!

① 你计划在上一个步骤中做什么?

② 你期望得到什么?

③ 实际发生了什么?

④ 你学到了什么?

------------→
回到第3个问题

现状/目标状态表

现状/目标状态			结果指标	
学员：	教练：	关注的流程	流程指标	
		现状 日期	目标状态	达成日期
1. 结果表现	实际产出			
	运行时间			
	是否有加班			
2. 客户需求和计划的周期	客户需求			
	节拍时间			
	计划的周期时间			
3. 运行模式	流程步骤和顺序			
	变异			
	对当前运行模式的观察			
4. 设备能力	自动化设备是否有瓶颈			
5. 核心工作	计算操作工人数		✕	

流程分析的步骤

　　　　　　　　　■ 步骤1：流程结果　　　　■ 步骤2~5：工作模式

① **绘制流程结果表现图**
流程一直以来的表现如何？

② **计算客户的需求率和计划周期时间**
流程应该按什么节奏运行？

③ **研究流程的运行模式**
☐ 画出流程步骤和顺序的柱状图。
☐ 观察周期时间，绘制运行图，让波动可视化。
☐ 记录你对当前运行模式的观察。

④ **检查设备产能**
有无瓶颈设备，是哪几台？
（这一步只针对流程中有自动化设备的情形。）

⑤ **计算核心工作量**
如果流程没有波动的话，需要多少名操作工？

计时工作表

计时工作表		流程	指标	如果这是整个流程的输出，请勾选
		日期	操作人 ☐	
循环	观察到的时间（数据）	对当前运行模式的观察（事实）		
1				
2				
3				
4				
5				
6				
7				
8				
9				
10				
11				
12				
13				
14				
15				
16				
17				
18				
19				
20				
21				
22				
23				
24				
25				

试验记录

试验记录（每行等于一个试验）

障碍：

流程：　　　　教练：

学员：

日期和步骤	你期待什么+衡量指标		发生了什么			我们学到了什么
			进行试验			
			完成一个辅导循环			

附录　表格和模板

243

第二教练观察表

辅导循环观察		流程：	
		日期：	
教练：	学员：	开始/结束：	
问题	教练		学员
审核挑战			
Q1：目标状态？			
Q2：现在的实际状态？			
反思： 试验记录			
Q3：共几个障碍？ 现在攻克哪个？			
Q4：下一步是什么？ 试验记录			
Q5：什么时候可以看到你学到了什么？			
什么是你的知识门槛？		其他印象：	
这个教练下次要着重辅导的地方：		下一个辅导循环的时间：	

Mike Rother

The Toyota Kata Practice Guide: Practicing Scientific Thinking Skills for Superior Results in 20 Minutes a Day

ISBN: 9781259861024

Copyright © 2018 by Mike Rother by McGraw-Hill Education.

All Rights reserved. No part of this publication may be reproduced or transmitted in any form or by any means, electronic or mechanical, including without limitation photocopying, recording, taping, or any database, information or retrieval system, without the prior written permission of the publisher.

This authorized Chinese translation edition is jointly published by McGraw-Hill Education and China Machine Press. This edition is authorized for sale in the Chinese mainland (excluding Hong Kong SAR, Macao SAR and Taiwan).

Translation Copyright © 2018 by McGraw-Hill Educationand and China Machine Press.

版权所有。未经出版人事先书面许可，对本出版物的任何部分不得以任何方式或途径复制传播，包括但不限于复印、录制、录音，或通过任何数据库、信息或可检索的系统。

本授权中文简体字翻译版由麦格劳-希尔教育出版公司和机械工业出版社合作出版。此版本经授权仅限在中国大陆地区（不包括香港、澳门特别行政区和台湾地区）销售。

翻译版权© 2022 由麦格劳-希尔教育出版公司与机械工业出版社所有。

本书封面贴有 McGraw-Hill Education 公司防伪标签，无标签者不得销售。

北京市版权局著作权合同登记图字：01-2018-2226 号。

图书在版编目（CIP）数据

丰田套路实战指南：每天 20 分钟科学思维模式训练创造卓越绩效/（美）迈克·鲁斯（Mike Rother）著；余锋，张冬，费建红译. —北京：机械工业出版社，2022.7
（经典精益管理译丛）
书名原文：The Toyota Kata Practice Guide: Practicing Scientific Thinking Skills for Superior Results in 20 Minutes a Day
ISBN 978-7-111-70767-7

Ⅰ. ①丰… Ⅱ. ①迈… ②余… ③张… ④费… Ⅲ. ①丰田汽车公司-工业企业管理-经验 Ⅳ. ①F431.364

中国版本图书馆 CIP 数据核字（2022）第 090530 号

机械工业出版社（北京市百万庄大街 22 号 邮政编码 100037）
策划编辑：孔 劲   责任编辑：孔 劲
责任校对：陈 越 张 薇 封面设计：鞠 杨
责任印制：郜 敏
三河市宏达印刷有限公司印刷
2022 年 9 月第 1 版第 1 次印刷
169mm×239mm · 16 印张 · 287 千字
标准书号：ISBN 978-7-111-70767-7
定价：98.00 元

电话服务		网络服务
客服电话：010-88361066		机 工 官 网：www.cmpbook.com
010-88379833		机 工 官 博：weibo.com/cmp1952
010-68326294		金 书 网：www.golden-book.com
封底无防伪标均为盗版		机工教育服务网：www.cmpedu.com